DELACROIX : LES FLEURS DE 1849

À Pierre et Tatiana

ZACHARY C. XINTARAS

DELACROIX :
LES FLEURS DE 1849

Le Code de la propriété intellectuelle interdit les copies ou reproductions destinées à une utilisation collective. Toute représentation ou reproduction intégrale ou partielle faite par quelque procédé que ce soit, sans le consentement de l'auteur ou de ses ayants cause, est illicite et constitue une contrefaçon sanctionnée par les articles L.335-2 et suivants du Code de la propriété intellectuelle.

© 2011, Xintaras
Edition : Books on Demand GmbH,
12/14, rond-point des Champs Elysées,
75008 Paris, France
Imprimé par : Books on Demand GmbH, Norderstedt, Allemagne
ISBN 9782810614400
Dépôt légal : décembre 2011

Sommaire

Préface 7

Fleurs 9

    Les textes du *Journal* 9
    Les textes de la **Correspondance** 13
    Le Salon de 1849 17
    Les Critiques du Salon de 1849 19
    L'Exposition Universelle de 1855 25
    La Vente de 1864 27
    Les Historiens et le Salon de 1849 29

Détails 43

    Arceaux 43
    Cactus 43
    Corbeille 44
    Étang 45
    Faibles (tableaux) 46
    Les Fleurs 48
    Géranium 50
    Signature 51
    Subordination 53

Résumé 55

Bibliographie 59

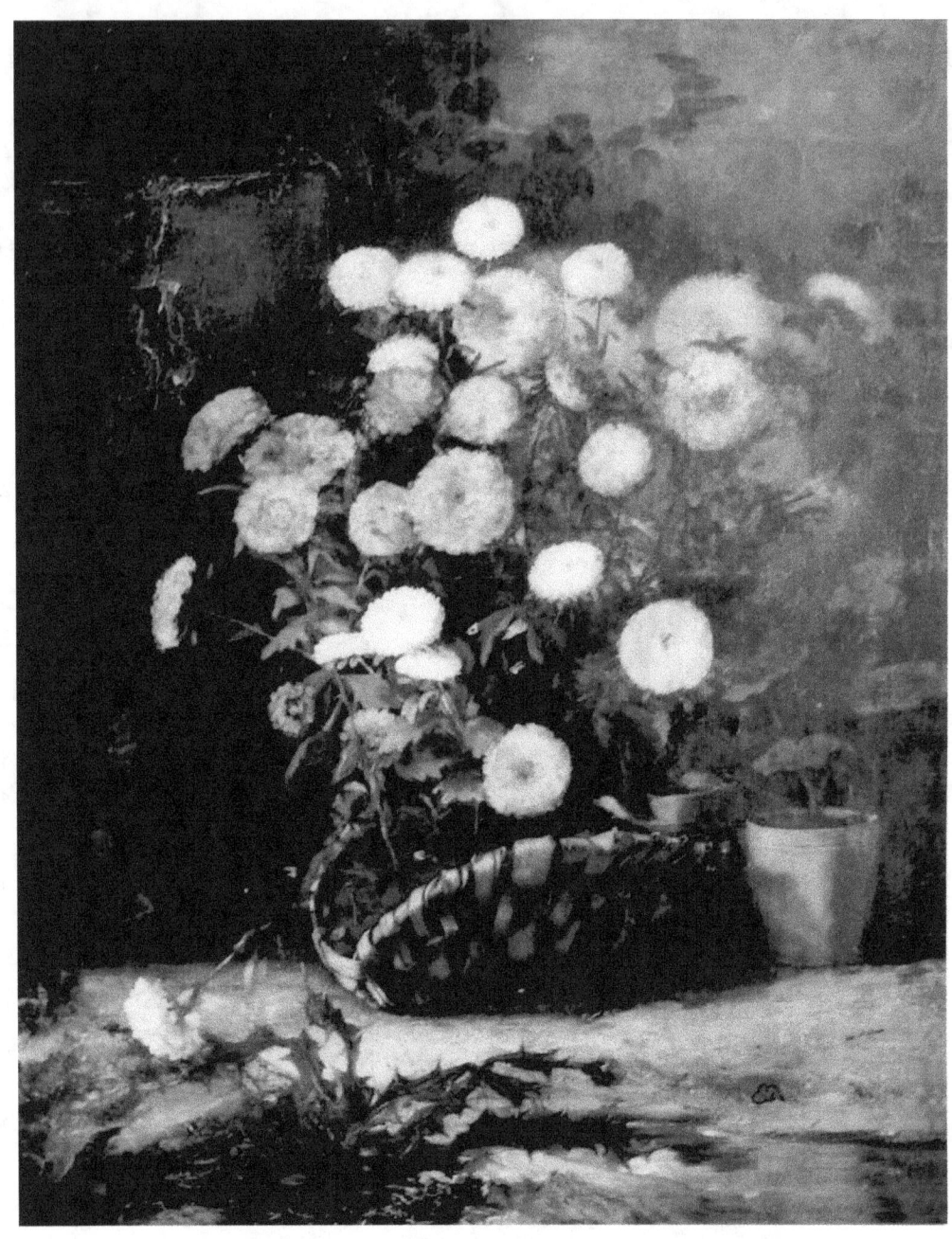

E.D. Corbeille de fleurs près d'un étang
1849-1850, 81x65 cm.
Collection particulière

Préface

La découverte dans une collection particulière d'un tableau de fleurs, non daté, mais signé E.D., a inspiré cette étude. Il est en hauteur, mesure 81 × 65 cm., et représente une corbeille de fleurs, parmi lesquelles on peut deviner des reines-marguerites et des œillets, bien que l'identification exacte de ces espèces ne soit pas certaine. Dans deux pots, à côté, il y a des géraniums. L'ensemble est situé près d'un étang, encadré par un arceau sombre, difficile à discerner.

Ma recherche de fleurs exécutées par Delacroix en 1849 pour le Salon de la même année a révélé qu'il avait préparé cinq tableaux « cinq, ni plus ni moins », dont deux seulement ont été finalement exposés, et que parmi ces cinq l'un est décrit comme « plus petit que les autres (celui qui est en hauteur). » L'identité exacte de ce tableau défini par Delacroix n'a pas été jusqu'à maintenant établie. L'auteur de ces lignes est convaincu que le petit tableau en hauteur, cité par Delacroix, correspond entièrement au tableau retrouvé. Il a été peint dans le même style que les deux tableaux présentés au Salon, comme d'autres tableaux et aquarelles de la même période ; en plus, il porte ses initiales.

Avant d'arriver à l'attribution j'ai été obligé de revoir tous les textes concernant des fleurs qu'on trouve dans les écrits de Delacroix. La recherche s'est prolongée pour inclure aussi les commentaires des critiques de l'époque. Ils sont reproduits ici, sans que la liste puisse être considérée exhaustive. J'ai tout particulièrement examiné deux tableaux, celui de Montauban et celui du Caire, que deux historiens revendiquent comme étant le tableau « plus petit que les autres (celui qui est en hauteur) ».

Fleurs

Les textes du *Journal*

Eugène Delacroix, *Journal 1822 - 1863,* Paris, Plon, 1996

7 février [1849]
« A la commission, à 9 heures. avant chez Beugnet, pour le cadre de mes *Fleurs*[5]...
n. 5 [Joubin] : **Fleurs**, voir **Robaut**, 1069, 1072. » (J. p. 175)

14 février [1849]
« J'ai une longue conversation après dîner avec Jussieu, sur les fleurs, à propos de mes tableaux. Je lui ai promis d'aller le voir au printemps. Il me montrera les serres et me fera obtenir toute permission pour l'étude. » (J. p. 177)

15 février [1849]
« Repris mes tableaux de fleurs et commencé par la **Corbeille de fruits** »[1]. « J'étais souffrant et n'ai fait que peu. Cependant, cela m'a remis en goût et je crois qu'en terminant avant peu ce qui n'est point fait du tout, les parties déjà avancées se trouveront terminées d'elles-mêmes.
n. 1 : **La Corbeille de fruits,** tableau du Salon de 1849 (**Robaut**, n°1072). » (J. p. 178)

16 février [1849]
« Travaillé aux **Fleurs et Fruits.**[2]
n. 2 : **Robaut**, 1069 -1072. » (J. p. 178)

2 mars [1849]
« Repris les **Hortensias**.[9]
n. 9 : **Les Hortensias** (**Robaut**, n°1071). » (J. p. 179)
« Au moment où je me remettais au tableau des **Hortensias**, est arrivé Dubufe pour me demander d'aller voir sa **République.** » (J. p. 180)

10 mars [1849]
 « En revenant, travaillé au rideau du tableau du vase de fleurs.[2]
 n. 2 : N°1069 de **Robaut**. » (J. p. 184]

11 mars [1849]
 « Travaillé de bonne heure au tableau des **Hortensias et de l'Agapanthus**. »[3] « Je ne me suis occupé que de ce dernier.
 n. 3 : N°1071 de **Robaut**. » (J. p. 184)

13 mars [1849]
 « Travaillé toute la journée au rideau dans le tableau de la console.[1]
 n. 1 : **Le Vase de fleurs** (**Robaut**, 1069). » (J. p. 185)

3 avril [1849]
 « J'y étais fatigué. J'avais travaillé beaucoup aux **Fleurs**. » (J. p. 187)

8 mai [1849]
 « Un de ces jours-ci, vu Mme Sand, venue du Berry pour affaires. J'ai été la voir chez Mme Viardot, au milieu du jour, et elle a désiré venir voir mes fleurs qui lui ont fait plaisir. » (J. p. 194)

14 mai [1849]
 « Mme Villot, son mari, M. Auguste venus vers quatre heures voir les tableaux. » (J. p. 194)

15 mai [1849]
 « Dernier jour de délai pour achever les tableaux. Travaillé jusqu'à près de midi. » (J. p. 194)

19 mai [1849]
 « Nouvelle convocation à la Commission de l'Intérieur et à midi examen des tableaux aux Tuileries. » (J. p. 195)

21 mai [1849]
  « Aux Tuileries pour juger les tableaux. Fatigue et commencement de l'indisposition qui m'a le lendemain forcé de retourner chez moi. » (J. p. 195)

1er juin [1849]
  « Vers trois heures au Musée⁽⁶⁾, pour mettre la petite retouche à mon tableau.
  n. 6 : Le Musée, c'est-à-dire le Louvre. Le Salon se tint en 1849 aux Tuileries. » (J. p. 195)

24 juin [1849]
  « Je me suis mis en tête de faire un bouquet de fleurs des champs que j'ai formé à travers les halliers, au grand détriment de mes doigts et de mes habits écorchés par les épines. » (J. p. 198)

11 mars [1850]
  « Repris le dernier tableau de fleurs. ⁽²⁾
  n. 2 : Le dernier d'une série de quatre tableaux de fleurs, aujourd'hui disparus (**Robaut**, n°1070). » (J. p. 227)

Correspondance

Les textes de la *Correspondance*

André Joubin, **Delacroix. Correspondance,** 1838-1849, t. II, 1937 ; 1850-1857, t. III, 1937.

29 septembre 1848
Lettre à Monsieur Pierret
« J'ai fait une entreprise très forte[1] et une journée de moins me serait très préjudiciable. Les fleurs s'en vont et à la première gelée, je serais sans modèle.
   n. 1 : Ce sont les fameux tableaux de fleurs du Salon de 1849, **Robaut** 1041 et 1072. » (II, p. 368)

3 octobre 1848
Lettre à Mme de Forget
« L'entreprise que j'ai en train est si lourde[1] vu la rapidité de la saison, que je ne veux pas être troublé par l'idée du désordre public ; en outre, j'ai des modèles qui se fanent du jour au lendemain et qui ne me laissent pas respirer.
   n. 1 : Les tableaux de fleurs dont il est question dans la lettre à Pierret du 29 septembre. » (II, p. 369)

6 février 1849
Lettre à Constant Dutilleux
« J'ai été voir, presque aussitôt après avoir reçu votre lettre, les deux tableaux de fleurs.[1]
   n. 1 : Deux tableaux anciens de fleurs. » (II, p. 372)

« J'en ai exactement la même opinion que vous m'exprimez. Ils sont pleins de talents : la touche surtout en est surprenante ; ils ne me semblent pécher que par le défaut qui est commun à presque toutes ces sortes d'ouvrages faits par des hommes spéciaux : l'étude des détails, poussée à un très haut point, nuit un peu à l'ensemble. Je crois aussi que l'effet du temps est d'augmenter cette imperfection.

Comme l'artiste, en exécutant, a moins procédé par de grandes divisions locales de lignes et de couleurs que par une attention extrême à exprimer les différentes parties, les objets qui dans le tableau servent en quelque sorte de fond à chacun de ces détails, mis en relief avec une trop grande complaisance, disparaissent à la longue, et il ne reste que cet éparpillement qui nuit un peu à l'effet. Tout cela n'ôte pas réellement de valeur à ces tableaux, dont l'exécution est trop supérieure pour être confondue avec tout ce qui se fait en ce genre. » (II, p. 372)

« Vous avez la bonté de me parler des tableaux de fleurs que je suis en train d'achever. J'ai, sans parti pris, procédé d'une façon toute contraire à celle des deux ouvrages en question, et j'ai subordonné les détails à l'ensemble autant que je l'ai pu. J'ai voulu aussi sortir un peu de l'espèce de poncif qui semble condamner tous les peintres de fleurs à faire le même vase avec les mêmes colonnes ou les mêmes draperies fantastiques qui leur servent de fond ou de repoussoir. J'ai essayé de faire des morceaux de nature comme ils se présentent dans des jardins, seulement en réunissant dans le même cadre et d'une manière un peu probable la plus grande variété possible de fleurs. Je suis à présent dans l'inquiétude de savoir si j'aurai le temps de finir, car je n'ai pu encore m'y remettre, et il y a beaucoup à faire. S'ils sont finis à temps et comme je le désire, je les mettrai probablement au Salon. Il y en a cinq, ni plus ni moins.[1]

n. 1 : Deux seulement figurèrent au Salon de 1849. » (II, p. 373)
« J'ai fait effectivement à différentes époques quelques essais d'eaux-fortes ; tout cela est dispersé. Cependant j'en réunirai le plus que je pourrai, et je vous les ferai parvenir par M. Souty[2] aussitôt que je les aurai retrouvées, toutes ou en partie : mais je vous préviens d'avance qu'elles n'ont guère d'importance.
n. 2 : Souty était le beau-père de Francis Petit, le fondateur de la Galerie Petit, qui devint l'ami de Delacroix. » (II, p. 373)

3 mai 1849
Lettre à Monsieur Souty, doreur
« Je m'aperçois à présent que j'aurai peine à achever celui des cinq tableaux de fleurs[1] qui est plus petit que les autres (celui qui est en hauteur). Je m'empresse donc de vous en avertir pour que vous suspendiez la bordure pour celui-ci afin d'éviter de la besogne. Si à la rigueur, je me trouvais plus de temps que je ne

prévois, il serait temps de la faire après la réception des tableaux et dans le courant du mois jusqu'au 15 juin.

n. 1 : **Robaut,** 1041, 1069, 1070, 1071, 1072. Ces quatre derniers tableaux ont figuré à la vente posthume de Delacroix. - Ils ont disparu aujourd'hui. Le n°1041 est le tableau dont il est question ici ; il figura au Salon de 1849. » (II, p. 375)

9 juin 1849
Lettre à Monsieur L. Riesener

« Cher ami, je reçois à l'instant ta lettre et t'en remercie beaucoup. J'avais entrevu mes tableaux le jour où je suis retourné au Salon pour le placement, et ils m'avaient fait une mauvaise impression ; tu serais bien aimable, en mon absence, car je suis très souffrant, et il me coûte beaucoup de faire la course, tu serais bien aimable, dis-je, de faire comme pour toi ; et de me rendre le service de faire retirer les deux qui sont les plus faibles[3], à moins que tu n'entrevoies la possibilité de les faire placer à leur avantage. Cependant je n'insiste pas du tout là-dessus. Je crois même que, tout bien considéré, il vaut mieux les retirer tout à fait. Je n'avais pas du tout l'intention de les retoucher, et ils sont tels qu'ils resteront. Ce qu'il y a de curieux, c'est que dans mon atelier ils étaient aussi brillants que les autres.

n. 3 : Il ne figura au Salon que deux des tableaux de fleurs (**Robaut,** 1070 et 1072). » (II, p. 380)

automne 1849
Lettre à Mme de Forget

« Les marguerites passent, et j'enrage de voir la rapidité de l'existence de toutes ces fleurs si charmantes. » (II, p. 398)

6 mai [1850]
Lettre à Mme de Forget

« Je voudrais bien aussi voir mes iris fleuris avant mon retour, j'en ai beaucoup : il y en a deux ou trois d'ouverts. J'irai aujourd'hui à Frémont[1] et je vous ferai un choix de dahlias. Nous ferons de votre jardin une oasis dans Paris. Demandez à votre jardinier des pétunias, des zinias etc.

n. 1 : chez Halévy. » (III, p. 15)

[début novembre 1854]
Lettre à Dauzats (copie de Robaut)
(en post-scriptum)

« On est venu tout à l'heure chercher les deux tableaux.[1]

n. 1 : **Fleurs** et **Fruits** pour l'Exposition de Bordeaux, novembre 1854. » (III, p. 231)

2 mai 1862
Lettre à F. Petit

« Comme je désirerais, s'il est possible, trouver une occasion de placer ces tableaux[2] qui peuvent ne pas convenir à tout le monde à cause de leur dimension... exposition.[3]

n. 2 : Il s'agit de 4 grands tableaux de Fleurs du Salon de 1849. Robaut 1041, 1070, 1071, 1072 qui ne trouvèrent acquéreur qu'à la vente posthume (acquis par Lady Asburton - 15,540 fr.

n. 3 : à la Galerie Boulevard des Italiens. » (III, p. 315)

23 juin 1862
Lettre à F. Petit

« Vous pouvez aussi me faire rapporter à la même heure les quatre tableaux de fleurs dont le succès a peut-être été satisfaisant, mais non pas tout à fait dans le sens que j'aurais souhaité. » (III, p. 320)

Le Salon de 1849

Le Catalogue de l'Exposition mentionne :
Delacroix (Eugène)
54, rue Notre-Dame-de-Lorette (Ex)
Nos 504 Fleurs
505 Fleurs et fruits

Adolphe Moreau, **Eugène Delacroix et son œuvre,** Paris, 1873.
Salon de 1849
N°504 Fleurs [2]
n. 2 - 3 Voir Vente Delacroix après décès,
Nos 87 et 88 du Catalogue.
H. 1m 05 x L. 1m 40
Groupe de marguerites et de dahlias posés à terre
non signé, ni daté, appartient à Lady Ashburton
N°505 - Fleurs et Fruit. H. 1m 05 x L. 1m 40
Corbeille de fleurs renversée dans une allée de parc (p. 184)

Lee Johnson, « Eugène Delacroix et les Salons, Documents inédits au Louvre », **Revue du Louvre,** 1966
« Dans la Bibliothèque de la Conservation au Musée du Louvre se trouve une série de registres reliés et manuscrits qui donnent la liste des œuvres envoyées à de nombreux Salons au cours du XIXe siècle... Il existe des registres pour tous les Salons où Eugène Delacroix a exposé, sauf le premier, en 1822, et le dernier, en 1859. » (p. 217)
« A partir de 1848 Delacroix devient membre du jury et ses envois sont exempt. Nous n'avons marqué « Exempt » que lorsque ce mot est inscrit de fait à côté des titres individuels dans les registres. » (p. 225)
« 2760 Fleurs (27) 1, 30 x 1, 65 Exempt [R 1041] Collection J. G. Johnson, Philadelphia. Reproduit en couleur dans Huyghe, pl. XXX]
2761 Fleurs (27) 1, 30 x 1, 65 Exempt [R1070]
2762 Fleurs (27) 1, 30 x 1, 65 Exempt [R 1071]

2763 Fleurs⁽²⁷⁾ 1, 30 x 1, 65 Exempt [R 1072 Collection A. M. Milton de Groot, New York. reproduit dans Arts Councill 1964, pl. 22] » (p. 226)

Note 27 :
« Dans l'impossibilité d'identifier chacun de ces quatre numéros avec son numéro correspondant dans Robaut, chaque toile ayant le même titre et les mêmes dimensions, nous avons arbitrairement placé en ordre ascendant les quatre numéros de Robaut, qui à notre avis, devraient être identifiés avec les quatre envoyés au Salon.

L'évidence du registre est le complément d'une lettre de l'artiste à Riesener, datée du 9 juin 1849, qui nous apprend que Delacroix a demandé que deux tableaux soient retirés avant l'ouverture du Salon (**Correspondance,** éd. Joubin, II, 1936, p. 380). Seulement deux tableaux de fleurs ont figuré dans le livret du Salon: n°504, **Fleurs** et n°505, **Fleurs et fruits**.

Nous avons cité ailleurs (**Arts Council** 1964, n° 50) une référence, sans transcrire le texte même, qui semble prouver que ces deux tableaux sont le R 1072 (New York) et le R 1041 (Philadelphie), et non pas le R 1072 et le R 1070 comme on a supposé depuis (Daniel Ternois, **Montauban, Musée Ingres : Peintures, Ingres et son temps,** Paris 1965, n°108). » Suit un extrait de l'article de Prosper Haussard dans **Le National** du 7 août 1849 que nous citerons ici plus bas.

Les Critiques du Salon de 1849

***L'Artiste*, *Revue de Paris*,** 5e série, 1849.

Mouvement des Arts - Salon de 1849, signé : Feu Diderot

« Dans quelques jours, les trois mille toiles envoyées à l'exposition tapisseront les Tuileries... Ces belles fleurs que Delacroix avait cueillies toutes fraîches dans cette imagination où se lève le soleil d'Orient, quelle lumière va les éclairer ? » signé : Lord Pilgrim.

« Le Salon de 1849 est très curieux : N'en déplaise à M. Ingres et aux absents, qui ont tort. M. Delacroix y est dans toutes les joies luxuriantes du printemps. Que dirait Babet la bouquetière de ces bouquets-là ? Les belles fleurs ! Il ne leur manque que la parole, car les fleurs ont parlé du temps que les bêtes parlaient. » (Préface, ch. V)

« Que dites-vous de ces bouquets ? Ce ne sont que des bouquets. Je n'aime pas les fleurs dans si grands cadres - non plus les animaux et pas même ceux de la basse-cour de M. Philippe Rousseau. Toutefois il faut avouer que dans les bouquets de M. Delacroix et dans les animaux de M. Rousseau, il y a l'âme des fleurs et l'âme des bêtes. » (ch. X)

« Ce qui donne un si grand caractère à Eugène Delacroix, c'est qu'il est un grand artiste et un grand peintre sans tradition. Il n'est ni antique, ni romain, ni flamand, ni vénitien, il est français et n'a rien qui rappelle l'école française. Il arrive au style sans prendre le style des autres, en se moquant du style consacré ; il arrive au style par l'expression et par la couleur, qui est encore l'expression. Ses bouquets ne sont que des bouquets, mais dans ses bouquets il y a des géraniums qui sont le triomphe de l'art aux prises avec la nature. Et puis dans l'arrangement de ces bouquets-là, ne voyez-vous pas un goût savant et une haute coquetterie de la nature ? Car la nature est une femme, et, toute simple qu'elle est, elle sait la grâce et s'en arrange. » (ch. XI)

« Il y a un prestige dont il est difficile de se garantir, c'est celui d'un grand harmoniste. Eugène Delacroix a le génie de l'harmonie. Je ne sais comment je vous rendrai clairement ma pensée. » (ch. XV)

Léon Cailleux, « Salon de 1849 », **Le Temps,** Feuilleton du 29 juin 1849 (art. III)

« Pour nous, nous préférons ses fleurs et ses fruits à ceux de Diaz, qui sont de brillantes fantaisies sans réalité, et à ceux de Saint-Jean, qui nous représentent la perfection du banal. Ses Fleurs qui s'échappent d'une corbeille renversée sont touchées largement et savamment. Delacroix a surpris les secrets des fleurs et leur désinvolture, qu'il nous retrace ensuite avec cette verve prime-sautière qu'on lui connaît. Le passage qui les entoure est ravissant, et pourtant ce n'est qu'un fond de ciel et de gazon, éclairé de cette fraîche lumière du printemps. La touffe de clochettes qui occupe le milieu d'un tableau et qui forme une espèce d'arbuste, est surtout remarquable par son exquise réalité. – Dans les Fleurs et Fruits, c'est une autre nature. – La fertile et riante automne a mis là tous ses tons chauds, toutes ses riches teintes. Les fruits s'entassent plantureusement, dans une corbeille, raisins vermeils, pommes luisantes, pêches veloutées, entourés de buissons de fleurs en plein efflorescence, sous un ciel bleu foncé parsemé de petits nuages blancs. – Si Véronèse eut peint des fruits et des fleurs, il aurait fait ce tableau. (p. 1)

Jules Champfleury, Salon de 1849, **La Silhouette** du 15 juillet 1849 (p. 14)

« J'ai vu les tableaux de fleurs et de natures mortes de tous les peintres flamands, français, italiens, mais je n'avais jamais vu de fleurs comparables à celles de Delacroix. Rien n'est plus réjouissant, plus brillant et plus joyaux. Heureux l'homme qui peut tenturer sa salle à manger d'œuvres pareilles ; car Delacroix a peint cinq pendants et n'en a envoyé que deux craignant peut-être, dans son humilité de grand génie, paraître attacher trop d'importance à des dessus de porte. » (p.167)

Louis Desnoyer, « Salon de 1849 » **Le Siècle, Revue artistique,** 27 juillet 1849.

« Sans contredit, vous n'hésiterez pas à donner immédiatement congé à votre servante si elle avait la maladresse de vous acheter de pareils végétaux. » (p. 2)

Théophile Gautier, « Salon de 1849 », **La Presse,** 1 août 1849.

« Jamais Eugène Delacroix ne manque à l'appel du Salon : peu ou beaucoup, il envoie toujours quelque chose, et quand il ne vient pas lui-même, il met au moins sa carte.

Cette année, par un caprice bien compréhensible chez un coloriste, il a envoyé à l'exposition deux grands tableaux de fleurs. Ces fleurs, vous l'imaginez bien, ne ressemblent pas aux fleurs de Van Spandonck, encore moins à celles de Redouté, pas même à celles de Saint-Jean ; pour leur trouver des analogues il faudrait remonter à Baptiste, à Monnoyer, ou plutôt encore aux tableaux de fruits et de fleurs de Juan de Avellaneda et de Velasquez.

Les corbeilles et les guirlandes qui forment le thème de ces compositions fleuries sont traitées avec une largeur de touche, une puissance à effet et une facilité tout historique : il ne faut pas chercher là les nervures rendues une à une, le duvet des feuilles, la goutte de rosée sacramentelle avec son ombre portée, son reflet et son point brillant, la mouche aux ailes transparentes que l'on prendrait avec la main, facile tour de force que les peintres-fleuristes se refusent rarement - c'est tout simplement une débauche de palette, un régal de couleur donné aux yeux.

Ce qu'on peut louer aussi dans ces deux toiles, outre le mérite du ton, c'est le style, imprimé aux fleurs, traitées ordinairement d'une façon toute botanique, sans s'inquiéter de leur port, de leur allure, de leur physionomie et de leur caractère.

Les fleurs ont chacune leur expression particulière, il y a de gaies, de tristes, de silencieuses, de bruyantes, d'effrontées, de modestes, de pudiques et de lascives, d'épanouies et de concentrées, de douces et de féroces, d'énervantes et de balsamiques ; elles ont des attitudes spéciales, des coquetteries et des fiertés à elles, toutes choses que ne rendent pas les fleuristes vulgaires occupés de la petite bête. Il est bon que, de temps à autre, un artiste véritable vienne donner un peu d'accent à toutes ces fades enluminures que l'on croirait plutôt copiées d'après les produits de la boutique de Nattier et de Batton que d'après la végétation libre, vivante et parfumée. »

Pr. Haussard, « Salon de 1849 », **Le National,** 7 août 1849.

« Les **Fleurs** et les **Fruits** de M. Delacroix... ne doivent pas rester confondus même parmi les morceaux choisis du Salon... Quand nous parlions de savante peinture et de grand art, c'était de M. E. Delacroix qu'il s'agissait, et tout simplement de *fruits* et de *fleurs*. Nous ne sommes pas de ceux qui cherchent de bonne foi depuis vingt ans, sans le voir ni le comprendre, le génie de M. E. Delacroix, et y renoncent désormais par répugnance invincible, ou pour cause d'ophtalmie académique persistante ; depuis vingt ans, M. E. Delacroix est à nos yeux, quelques réserves que l'on puisse faire, un très grand artiste, et l'un des noms chers et glorieux qui resteront de la nouvelle école française...

« Voilà comment nous trouvons du grand art et de la savante peinture dans les *fleurs* et les *fruits* de M. E. Delacroix, comment nous admirons la richesse de composition, la poétique vérité de caractère, la suavité et la splendeur de coloris. On ne saurait imaginer un arrangement plus beau ni plus riche de peinture décorative. On n'a jamais poussé plus loin l'art de la palette, le ton puissant, la teinte luxuriante : la nature et Véronèse sont ici égalés, sinon vaincus, dans leur propre domaine de la couleur. Ces deux tableaux de **Fleurs** et de **Fruits** ont pour les yeux les plus voluptueuses caresses, comme pour l'esprit le charme le plus pur. Et ce ne sont que deux corbeilles : l'une renversée toute pleine avec sa charge de fleurs, dahlias et marguerites qui se répandent à grands flots sur la pelouse, étincelante, avalanche de couleur qui roule sous un arceau de feuillages grimpans, à travers les perspectives azurées d'un parc immense ; l'autre, dressée sur un piédestal de pierre, avec sa pyramide de fruits, trésor d'automne qui bulle dans un demi-jour, au milieu d'une jeune forêt de roses trémières et de plantes vivaces, où perce un coin de ciel rougi du couchant. Rien n'égale dans aucune œuvre des maîtres du genre l'éclat de touche, le sentiment délicat de ces **Fleurs**, ni la tendre harmonie de verdure qui les encadre ; rien ne surpasse la gravité de style, la largeur d'exécution de ces **Fruits**, ni l'habile ordonnance de leur mise en scène. La génie de M. E. Delacroix s'est fait là des loisirs et un délassement qui ferait la gloire d'un autre.

On peut disputer sur l'**Arabe syrien avec son cheval,** qui nous semble à nous admirable, sur son **Othello et Desdemona** dont la forme compromet la puissance de pantomime et le mode non moins puissant de couleurs ; mais sur ses **Fruits** et ses **Fleurs** il n'y a pas plus à disputer que sur le soleil. »

F. de Lagenevais (pseud. de Frédéric Bourgeois de Mercey) « Le Salon de 1849 », *Revue des Deux Mondes,* 3, 1849, p. 579

« Admettez-vous la hiérarchie des genres ? Pensez-vous que la Vierge à la chaise ou l'Antiope aient une valeur absolue plus haute qu'un taureau de Paul Potter ? Grande question très débattue entre les faiseurs d'esthétique. Si vous vous prononcez pour l'affirmative, vous risquez de vous faire faire un mauvais parti, par une foule de furieux qui, ne tenant compte que du rendu et de la reproduction matérielle, prisent un paquet de carottes à l'égal d'une belle tête. On pourrait bien leur faire observer que l'exécution ne constitue pas tout le mérite d'un tableau, que l'étude de la figure humaine, offrant plus de difficulté et nécessitant un travail d'esprit plus compliqué, motive la prééminence accordée aux peintres d'histoire, aux portraitistes sur les paysagistes et sur les peintres de nature morte ; que cette supériorité, enfin, est visiblement constatée chaque fois que les premiers se passent la fantaisie de faire une excursion sur les terres des seconds, comme cette année, par exemple, où M. Eugène Delacroix a fait des fleurs qui sont, en vérité, plus belles que celles de M. Saint-Jean, jusqu'ici réputé le maître du genre, tandis que M. Saint-Jean, je ne dis pas ceci pour l'humilier, ne pourrait peut-être pas seulement faire la Desdémone de M. Eugène Delacroix. Sans prétendre rien trancher, j'estime pourtant que l'absence de la figure humaine est un signe d'infériorité au point de vue de l'exécution comme au point de vue de l'invention ; si l'on m'accorde ce principe qui détermine bien la situation actuelle de la peinture, je constaterai volontiers que les œuvres les plus intéressantes du salon, celles qui approchent le plus de l'idéal poétique que nous poursuivons, ce sont, avec les souvenirs d'Afrique de M. Fromentin, les fleurs de M. Delacroix, les cinq paysages de M. Corot et quelques-uns de MM. Rousseau, Flers et Troyon…

M. Delacroix, en peignant des fleurs et des fruits, ne pouvait rester dans les conditions banales et étroites de ce genre, voisin de l'ornementation ; aussi, avec une corbeille, quelques plantes et un bout de ciel, a-t-il fait deux véritables compositions, pleines de noblesse et d'une majestueuse élégance. Là, comme partout, on sent l'ongle du lion. On préfère généralement ses fleurs au tableau intitulé Fleurs et Fruits. Au point de vue de l'harmonie et de la couleur, les fleurs de M. Delacroix sont en effet supérieures à ses fruits. Une corbeille renversée laisse rouler parterre une masse brillante, où les couleurs les plus splendides sont associées avec un art infini ; des tiges de roses trémières, cette plante au port si élégant, aux nuances si variées, s'élèvent à droite et à gauche, et sont comme les arbres de ce paysage fantastique qu'encadre une épaisse touffe de volubilis, dont la douce verdure fait valoir admirablement l'ineffable douceur d'un fond de ciel glauque pareil à celui que M. Delacroix a donné à son Elysée de la coupole du Luxembourg. En présence de ces magnificences de palette, comment se rappeler qu'il existe d'autres tableaux du même genre, et que Mme Apoil, MM. Fouquet, Couder et Lemercier, peintres ordinaires du royaume de Titania, ont aussi quelques droits à l'estime publique ?

Je ne dois pas omettre pourtant une mention spéciale et toute particulière pour deux gouaches de M. Chabal-Dussurger. L'Etude de chrysanthème de « Chabal-Dussurger est un véritable chef-d'œuvre, qui aura de plus le mérite de satisfaire les botanistes les plus méticuleux. »

Louis Peisse, « Salon de 1849 » **Le Constitutionnel,** 8 juillet 1849.

« Il ne faut pas oublier deux tableaux de **Fruits** et de **Fleurs,** tous deux éclatans de couleur, gracieusement composés et agencés, largement et vigoureusement peints. J'ai entendu discuter sur le nom de ces beaux produits de l'art, et reprocher à l'artiste l'infidélité de sa peinture. D'abord on reconnait positivement des melons, des pêches, des raisins, des dahlias et des liserons ; le reste est plus douteux ; mais qu'importe ? Je m'inquiète peu de savoir quels sont ces fruits et ces fleurs ; c'est l'affaire du botaniste et de l'horticulteur ; il me suffit de voir que ce sont des fleurs et des fruits, et les plus beaux fruits et fleurs du monde. C'est errer *toto cœlo* que de s'attacher en ceci à la pure imitation de ce qu'on appelle la nature. La vérité esthétique n'est pas l'exactitude. Les peintres de fleurs spéciaux sont dans ce préjugé ; ils copient, ils imitent ce qu'ils ont devant les yeux ; ils font des portraits. Mais imiter, copier des fleurs et des fruits, ce n'est pas *faire* des fleurs et des fruits ; l'essence de l'art est de *faire*, de créer, à la manière de la nature, sans doute, mais sans la répéter servilement. S'il en était ainsi, un miroir serait le plus grand des peintres. »

« Raphael a formulé en quelques mots les vrais principes. Ecrivant à Balthasard Castiglione au sujet de sa Galatée, de la Farnesine, à laquelle il travaillait, il se plaint de la disette des beaux modèles de femmes ; mais, ajoute-t-il, « *je m'en passe et mi servo d'una certa idea che mi viene alla mente.* » Pour faire des fruits et des fleurs, il ne faut pas non plus autre chose que cette certaine idée qui vient à l'esprit. Quoi qu'il en soit des principes, je maintiens en fait ces deux points : d'abord, que les fruits et les fleurs de M. Delacroix sont véritablement des fruits et des fleurs, et non autre chose, et, de plus, que ce sont des fleurs et des fruits excellents et parfaits pour leur destination, qui est d'être, non pas cueillis ou mangés, mais simplement regardés. »

L'Exposition Universelle de 1855

Catalogue de l'Exposition (A)
   N°2941 *Fleurs* ; deux tableaux ; *même numéro*
   N°2942 *Fleurs et fruits* (Salon de 1849)
(pour tous les nos, le catalogue indique entre parenthèses les salons précédents)
Catalogue de l'Exposition (B)
   N°2941 - Plusieurs tableaux ; *même numéro*
   N°2942 - *Fleurs et fruits* (Salon de 1849)

Adolphe Moreau, *Eugène Delacroix et son œuvre,* Paris, 1873.
   N°2941
   Deux grandes Études de Fleurs [1]
   note 1 : Ces tableaux, avec les deux autres exposés au Salon de 1849, avaient été originalement destinés à la décoration d'une salle à manger. Voir Vente Delacroix après décès, nos 89 et 90 du Catalogue.
H. 1m 05 x 1 m 40

Hortensias sur le bord d'un étang

Corbeille, dans un jardin, placée sur une table de pierre : elle contient des raisins, des pêches et un melon.
   Non signées, ni datées. Appartenaient à l'auteur
   Le premier de ces tableaux appartient aujourd'hui à Lady Ashburton ; le second à M. Fanien.
   N°2942

Fleurs et Fruits dans une corbeille renversée au milieu d'un parc
   H, 1m 05 x L 1m 40 Salon de 1849
   Appartient à l'auteur ; acquis à sa vente par M. Sourignes
   N°88 du Catalogue (p. 192)

Maurice Tourneux, **Eugène Delacroix devant ses contemporains,** Paris, 1886.
N°2941 **Fleurs,** 2 tableaux, même numéro
N°2942 **Fleurs** et fruits dans une corbeille renversée au milieu d'un parc
Astérisque = première fois au Salon de 1855

La Vente de 1864 (Bibl. INHA : 8° Pièce 28329)

Le Catalogue de vente après le décès de Delacroix mentionne :

N°87 - *Groupe de marguerites et de dahlias dans un parterre.*
N°88 - *Corbeille de fleurs renversée dans un parc.*
N°89 - *Hortensias sur le bord d'un étang.*
N°90 - *Corbeille posée dans un jardin, contenant des raisins, des pêches etc.*
Les quatre tableaux qui précèdent ont figuré au Salon de 1849 et à l'Exposition universelle de 1855.
(Haut. 1 mèt. 5 cent. ; larg. 1 mèt. 40 cent.)

Adolphe Moreau, *Eugène Delacroix et son œuvre,* Paris, 1873.
Les prix :
N°87 5.000 fr.
N°88 7.750 fr.
N°89 6.000 fr.
N°90 7.000 fr.

Théophile Silvestre, *Eugène Delacroix documents nouveaux,* Paris, 1864.
« N'oublions pas quatre grands tableaux de Fruits et de Fleurs. Deux nous paraissent un peu trop sombres, les deux autres sont d'un éclat, d'une suavité, d'une fraîcheur et d'une harmonie incomparable. » (p. 13)

E. A. Piron, *Eugène Delacroix. Sa vie et son œuvre,* Paris, 1865 (p. 109)
« *Fleurs et Fruits* »
Quatre grands tableaux de mêmes dimensions ont été conservés dans son atelier jusqu'en 1863, et ont été adjugés à la vente.
Corbeille Fruits posés dans un jardin, à Piron 7.000 fr.
Corbeille de fleurs renversée dans un parc, à M. Sourignes, 7.750
Groupe de Marguerites et Dahlias, à Lady Winchester, 5.000.
Horternsias sur le bord d'un étang, à Lady Winchester, 3.000.

Les Historiens et le Salon de 1849

Georges Sand, « A propos de botanique », **Revue des Deux-Mondes**, 1ᵉʳ juin 1868

« J'ai vu Eugène Delacroix essayer pour la première fois de peindre des fleurs. Il avait étudié la botanique dans son enfance, et, comme il avait une admirable mémoire, il la savait encore ; mais elle ne l'avait pas frappé en tant qu'artiste, et le sens ne lui en fut révélé que lorsqu'il reproduisit attentivement la couleur et la forme de la plante. Je le surpris dans une extase de ravissement devant un lis jaune dont il venait de comprendre la belle **architecture**, c'est le mot heureux dont il se servit. Il se hâtait de peindre, voyant qu'à chaque instant son modèle, accomplissant dans l'eau l'ensemble de sa floraison, changeait de ton et d'attitude. Il pensait avoir fini, et le résultat était merveilleux ; mais le lendemain lorsqu'il compara l'art à la nature, il fut mécontent et retoucha. Le lis avait complètement changé. Les lobes du périanthe s'étaient recourbés en dehors, le ton des étamines avait pâli, celui de la fleur s'était accusé, le jaune d'or était devenu orangé, la hampe était plus ferme et plus droite, les feuilles plus serrées contre la tige semblaient plus étroites. C'était encore une harmonie, ce n'était plus la même. Le jour suivant, la plante était belle tout autrement. Elle devenait de plus en plus **architecturale**. La fleur se séchait et montrait ses organes plus développés ; ses formes devenaient **géométriques**, c'est encore lui qui parle. Il voyait le squelette se dessiner, et la beauté du squelette le charmait. Il fallut le lui arracher pour qu'il ne fît pas, d'une étude de plante à l'état splendide de l'antithèse, une étude de plante en herbier. Il me demanda alors à voir des plantes séchées, et il s'enamoura de ces silhouettes déliées et charmantes que conservent beaucoup d'espèces. Les raccourcis que la pression supprime, mais que la logique de l'œil rétablit, le frappaient particulièrement. « Ces plantes d'herbier, disait-il, c'est la grâce dans la mort ». (p. 577-578)

Alfred Robaut, *L'Œuvre complet de Eugène Delacroix,* Paris, 1885.
  « N°1041 *Corbeille de fleurs posée sur un socle* 1848
  Toile 1, 05 × 1,40
  Salon de 1849
  Exposition univ. 1855

N°90 de la vente posthume : Corbeille posée dans un jardin, contenant des raisins, des pêches etc. Le fond du paysage est une allée bordée de roses trémières.

cat. A. Moreau, pp. 192, 314

N°1069 **Fleurs dans un vase bleu**

Toile 1m 35 x 1m 00

« on distingue... des reines-marguerites, des glaïeuls, de grosses giroflées, des digitales, des anémones, des campanules, des crêtes de coq, des pavots et des roses. »

N°1070 **Marguerites et dahlias dans un parterre**

Toile 1m 05 x 1m 40 non signé, ni daté

Salon 1849. Exposition univ. 1855

N°87 de la vente posthume.

App. à Lady Ashburton

Cat. A. Moreau, pp. 184, 314

N°1071 **Hortensias sur le bord d'un étang**

Toile H 1m 05 x 1m 40 non signé, non daté

N°89 de la vente posthume

App. à Lady Ashburton

Cat. A. Moreau, pp. 184, 192, 314

N°1072 **Corbeille de fleurs renversée dans un parc**

Toile H. 1m 05 x 1m 40

Salon de 1849. Exposition univ. 1855

N°88 de la vente posthume »

L. - A. Prat, **Mémoire,** Paris, 1974-1975.

« N° 1041 rien signalé

N°1069 Selon le Robaut annoté, cette toile fut exposée en 1855 sous le n°127, appartenant à Mme Legrand. Cette toile se trouve aujourd'hui au Musée Ingres à Montauban. Le catalogue de ce Musée, **Ingres et son temps, Inventaire des Collections Publiques Françaises,** par Daniel Ternois, donne ce tableau comme disparu entre le Salon de 1849 et son achat par les Musées Nationaux. L'annotation de Robaut annoté nous permet donc de retrouver sa trace au cours de cette période.

N°1070 rien signalé

N°1071 rien signalé

N°1072 1849 ***Corbeille de fleurs renversée dans un parc.*** Selon le Robaut annoté, cette toile fut exposée en 1885 sous le n°239 bis, appartenant M. le vice-amiral Bosse. Elle se trouve aujourd'hui au Metropolitan Museum de New York (don M. de Groot). »

Étienne Moreau-Nélaton, ***Delacroix raconté par lui-même,*** Paris, 1916.

« En effet, l'automne de 1848 a jeté le peintre dans de grands tableaux de fleurs, qu'il a continués pendant l'hiver. C'est ce qui ressort d'une lettre à Dutilleux du 6 février 1849 qui dit[2] « vous avez la bonté... Il y en a cinq, ni plus ni moins.
Note 2 : ***Lettres,*** tome II, p. 14). »
« Delacroix retravaillait avec acharnement ces cinq toiles de fleurs, et il les envoyait toutes au Salon de 1849, qui ouvrait le 15 juin, et qui hébergeaient les Tuileries. Mais au dernier moment, en les voyant en place, il prenait le parti d'en retirer trois, qui lui semblaient inférieures aux autres[1] »
Note 1 : Lettres, tome II, p. 16
« En effet, il jouissait de ses entrées dans l'exposition avant son ouverture, comme membre du jury, chargé d'assister l'administration dans le placement des œuvres. » (p. 80)

Maurice Sérullaz, ***Mémorial de l'exposition Eugène Delacroix organisée au musée du Louvre à l'occasion du centenaire de la mort de l'artiste,*** Paris, 1963.

« N°82 ***Fleurs***
Delacroix, à Nohant, s'était mis à peindre des fleurs (N°67) : pendant l'été 1848 et début 1849 il prépare pour le Salon cinq grandes compositions florales (Robaut n°1041, 1069, [1070], 1071, 1072) ; le 6 février, il définissait à Constant Dutilleux sa conception des études de fleurs... (***Corr.*** II, p. 373). Finalement, il ne figura au Salon de 1849 que deux tableaux de fleurs (***Robaut*** n°s 1070 et 1072). Il est possible que plusieurs études dessinées de fleurs aient été exécutées comme préparations à ces tableaux. » (p. 50)

Daniel Ternois, « Un Tableau de Fleurs d'Eugène Delacroix, Le Vase à la Console », ***Revue du Louvre,*** XV (1965) pp. 233 – 236.

« Deux de ces toiles [*Robaut* 1041, 1069, 1070, 1071 et 1072] seulement figurent au catalogue du Salon de 1849, sous les nos 504 et 505 (« Fleurs »). Delacroix fit retirer avant l'ouverture, par son ami Riesener, deux des autres tableaux qui lui paraissaient plus faibles que les deux premiers. Quant au cinquième, plus petit que les autres, selon Delacroix, il ne fut sans doute pas prêt pour le Salon (lettre à Souty, l'encadreur, 3 mai 1849). Robaut et Joubin se trompent quand ils indiquent que trois tableaux figurèrent au Salon, les n°1041, 1070 et 1072 ; le catalogue n'en mentionne que deux, qui sont probablement les nos 1070 et 1072. » (p. 233)

« Selon Robaut, quatre tableaux sont de même format (H. 1,05 m, L. 1,40 m) et sont en largeur ; le cinquième, en hauteur et mesurant 5 cm de moins dans chaque sens, est le n°1069 : c'est celui de Montauban, achevé un peu plus tard que les autres, et non exposé au Salon. Les quatre premiers restèrent longtemps groupés et en possession de Delacroix : ils réapparurent à l'Exposition Universelle de 1855 (sauf le n°1071), puis à la vente de l'atelier du maître en 1864 (tous les quatre), sous les n°87 à 90, et furent alors dispersés. Le cinquième, celui de Montauban, avait sans doute été vendu plus tôt ; Robaut le produit, mais sans en indiquer le propriétaire. » (p. 233)

« Mais, rercherchant la somptuosité décorative, il est tombé précisément dans le défaut qu'il reprochait aux spécialistes de la peinture de fleurs. Il a multiplié les objets luxueux, console dorée, rideau, glace, qui alourdissent la composition et nuisent à l'effet du bouquet. On peut supposer sans trop de témérité que le tableau de Montauban est un premier essai qui l'aida à prendre conscience des erreurs à ne pas commettre dans ce genre particulier. Il y a une dualité génante entre les fleurs et le décor. » (p. 236)

Michel et Fabrice Faré, *Peintres de fleurs en France du XVIIe au XIXe siècle*, Catalogue Exposition, Paris, 1979.

« Le génie de Delacroix marquait une étape nouvelle dans la peinture de nature morte. Quand il écrit « ce qu'il y a de plus réel en moi, ce sont les illusions que je crée », il fait du beau un phénomène subjectif. Peu à peu la réalité abstraite prend le pas sur la vérité sensible. La représentation florale n'est plus qu'un exercice pictural qui se prête à toutes les audaces. Les Réalistes ne peuvent que retarder cette fatale évolution. « Ne peindre que ce que l'on voit ; philosophie à la Courbet », remarque Baudelaire en se moquant. » (Introduction s. pag.)

Après avoir cité le passage de la lettre de Delacroix à C. Dutilleux où l'artiste dit qu'il y en a cinq, ni plus ni moins, M. Faré a écrit : « Delacroix travaillait avec acharnement à ces cinq toiles de fleurs ; le Salon ouvrait aux Tuileries le 15 juin 1849 ; au dernier moment, en les voyant en place, il prenait la décision d'en retirer trois qui ne lui semblaient pas aussi bonne que les deux autres. L'une présentait « une corbeille de fleurs renversée dans un parc », l'autre « des fleurs sur un socle, avec une corbeille posée dans un jardin contenant des raisins et des pêches ; une allée, bordée de roses trémières, ornait le fond du paysages. Eugène Delacroix réunissait en gerbes des reines-marguerites, des glaïeuls, de grosses giroflées, des digitales, des cinéraires, des campanules, des crêtes-de-coq, des pavots et des roses. La génie de Delacroix marquait une étape nouvelle dans la peinture de nature morte. Quand il écrit « ce qu'il y a de plus réel en moi, ce sont les illusions que je crée » il fait du beau un phénomène subjectif. Peu à peu la réalité abstraite prend le pas sur la vérité sensible. La représentation florale n'est plus qu'un exercice pictural qui se prête à toutes les audaces ». Nous soulignons que Delacroix a envoyé seulement quatre tableaux de fleurs au Salon de 1849., les n°s 2760, 2761, 2762, 2763 qui correspondent aux n°s 1041, 1070, 1071, 1072 de Robaut. (cf. Lee Johnson, « Eugène Delacroix et les Salons. Documents inédits au Louvre », *Revue du Louvre*, 1966, n°s 4-5, p. 266. Les deux numéros retirés sont le n°2761 (R. 1070) et le n°2762 (R. 1071). Ni le tableau de Montpellier (Robaut 1069) ni « celui des cinq tableaux de fleurs qui est plus petit que les autres (celui qui est en hauteur) » n'ont été envoyés au Salon selon la documentation existante. Delacroix a envoyé à ce salon encore trois autres tableaux dont **Femmes d'Alger dans leur intérieur, Othello et Desdémone** et **Arabe syrien avec son cheval**. J.J. Arnoux dans sa critique du Salon a qualifié les cinq envois de Delacroix de « chefs-d'œuvre » (cf. M. Tourneux, **Eugène Delacroix devant ses contemporains,** 1886, p.86).

Germain Bazin, **Les fleurs vues par les peintres,** Paris 1984.

Décrivant le tableau de Delacroix (Metropolitan Museum de New York) il a écrit : « De la corbeille renversée s'échappe une masse opulente de fleurs, quelques reines-marguerites (Callistephus hortensis), des narcisses ou des tubéreuses, et principalement des dahlias diverses, simples ou doubles ; les autres fleurs sont difficilement identifiables. La cobeille est située dans un paysage, sous un arc de verdure sur lequel s'enroulent des liserons des haïes (Convolvulus sepium). Les dahlias (Dahlia) dont Delacroix a fait des études spéciales de caractère plus botanique sont, au moment où l'artiste peint ce tableau, à la période de leur plus grand succès ; en 1840, on en comptait douze cents variétés, et en 1850, trois mille. Cette fleur est originaire du Mexique, où elle croît sur les plateux de 1700 à 1800 m d'altitude. Francisco Hernandez, médecin de Philippe II, la décrit dans son livre sur la flore du Nouveau Monde (édition de 1615). On ne sait pas exactment à quelle époque elle fut introduite en Europe ; en 1712, Monsieur de Montgolfier, d'Annonay, (Ardèche), en reçut des bulbes d'un habitant de l'Ile-de-France, comme ceux d'une plante comestible ; mais, séduit par la beauté de la fleur, il la cultiva pour l'ornament ». (p. 107)

« Cependant, ce n'est qu'à la fin du XVIIIe siècle que le dahlia se répandit, quand il fut réintroduit par Vicente Cervantés, qui en envoya des graines, dès son arrivée à Mexico, à l'abbé Canavilles du Jardin royal de Madrid ; celles-ci fleurirent en 1790, et la plante fut dédiée par l'abbé Canavilles dans son **Icones et descriptiones plantarum** (1791) au botaniste suédois André Dahl, élève de Linné. D'autres spécimens furent envoyés en 1800 à M. Thonin, professeur au Museum d'histoire naturelle de Paris. Le voyage d'Alexandre Humboldt au Mexique en 1803 contribua à répandre cette fleur. » (p. 108)

« Emule des grands peintres, Delacroix se veut comme eux peintre universel ; il n'est aucun sentiment qu'il n'ait exprimé, aucune chose, aucun être de la nature que son pinceau n'ait voulu aborder. Il a étudié ou peint souvent les fleurs ; son centre d'étude des paysages et des fleurs, à l'époque de ce tableau, est sa propriété de Champrosay, près de Paris. Ses études sont à l'aquarelle ; il a peint à l'huile quelques vases au naturel, où les bouquets assez ébouriffés sont à l'esprit romantique. Mais ses ambitions de classicisme lui firent plusieurs fois révaliser avec les peintres fleuristes décorateurs du règne de Louis XIV. Il avoua, dans une lettre à son ami Dutilleux son admiration pour Jean-Baptiste Monnoyer (voir p. 98). Répondant à une lettre de son ami qui lui demandait d'aller voir au Louvre les tableaux de cet artiste, il écrit : « J'ai été etc... draperies » ce qui explique l'originlité de l'extraordinaire tableau du Metropolitan Museum ; c'est un de ceux où il a voulu égaler Monnoyer ou Blin de Fontenay, mais en les modernisant. Malgré ses soucis de compositions, Delacroix reste un romantique ; du panier renversé, ce flot rouge, qui se déverse comme le fleur vermillon du Sardanapale, évoque la couleur du sang. Quant au paysage, il rappelle les études de Champrosay. » (p. 109)

Lee Johnson, *The Paintings of Eugène Delacroix : A critical catalogue,* Oxford, 1986, vol. III, pp. 261-262, « Five Flower Pieces ».

Dans sa monumentale étude sur Delacroix L. Johnson traite à part le sujet des cinq tableaux que Delacroix a préparé pour le Salon de 1849. Il pense, comme A. Joubin, qu'il s'agit des cinq que Robaut a désignés avec les numéros 1041, 1069, 1070, 1071 et 1072. Parmi ces cinq il place le tableau de Montauban (**Robaut** 1069) et dit que celui-ci n'a pas été prêt à temps, pas présenté au Salon et terminé un an après. Il s'exprime ainsi : « In the event, four of the five pictures were submitted to the Salon, the one now in Montauban (J 503) not being finished in time, and two (J(L) 213 and J(L) 214 were withdrawn before the opening because Delacroix was dissatisfied with them after seeing them hung... The fifth picture Delacroix becqueathed to Legrand. » (p. 261) Ici L. Johnson ne dit rien concernant le tableau que Delacroix a caractérisé dans sa lettre du 3 mai 1849 à Souty comme « celui des cinq tableaux de fleurs qui est plus petit que les autres (celui qui est en hauteur) ». Parlant plus loin du tableau de Montauban L. Johson écrit : « Of the series of the five flower-paintings that Delacroix began in 1848, this was the only one not to be finished in time for submission to the Salon of 1849... Since the other four paintings were submitted to the Salon, they must have been finished in time, despite the fact that two were later withdrawn and a reference on 11 March 1850 to resuming work on the last of the flower-pictures presumably refers to the present painting, not to R. 1070 (J(L) 213) as Joubin supposed... But the picture was not withdrawn from the Salon because Delacroix was dissatisfied with it, as suggested by Ternois (Musée Ingres, 1965) : it was never submitted because it was not finished in time. The fact that Delacroix selected it for the exhibition Universelle, Paris 1855 suggests, on the contrary, that he had a high opinion of it » (p. 264)

Nous notons que L. Johnson dans ce texte emploie le mot « presumably » qui signifie probablement, exprimant ainsi un certain doute. Qu'il s'agit du dernier tableau « repris » le 11 mars 1850 est une affirmation sans preuve. Nous croyons que Delacroix a peint six tableaux de fleurs en 1849, qu'il n'a pas eu l'intention de présenter celui de Montauban au Salon et que celui qui était plus petit et en hauteur est le tableau retrouvé, sujet de la présente étude.

Elisabeth Hardouin-Fugier et Étienne Grafe, **Les Peintres de Fleurs en France de Redouté à Redon,** Paris, 1992.

« Au moment de la disparition de Redouté, le premier romantisme de Delacroix se calme après le feu d'artifice de sa jeunesse, lui laissant le loisir de s'essayer à la peinture florale, dont l'importance demeure encore aujourd'hui très estimée. » (p. 61)

« L'événement floral et pictural important, mais qui passe alors trop inaperçu, est la découverte de la fleur par Delacroix. Son « Journal » ne mentionne guère de peintres fleuristes, mais nous ne le possédons que par fragments. Une des premières peintures de fleurs connues date de 1833 ; faut-il y voir une réminiscence anglaise ? Son séjour à Nohant, le parc et évidemment la personnalité de George Sand, théoricienne du retour à la nature, ainsi que ses nombreux séjours à Champrosay, ou tout simplement son vif sentiment de la nature expliquent le goût réel de Delacroix pour la peinture de fleurs, même si le nombre des toiles connues aujourd'hui demeure assez restreint. L'artiste s'essaie dans plusieurs directions; une manière décorative, incluant le bouquet parmi des éléments architecturaux, la nature morte classique, dans **Le vase bleu** du musée de Montauban donne une bonne idée, mais surtout des fleurs représentées dans leur site naturel... » (p. 64)

« **Les Hortensias au bord d'un étang** sont peints, eux aussi, en plusieurs séances, autour du 11 mars 1849, donc après la saison de floraison naturelle de la plante : a-t-il travaillé de mémoire, d'après des croquis ou devant une plante en pot obtenue dans une serre ? ... La peinture de fleurs n'est certes pas la préoccupation majeure d'un artiste si épris de littérature mais elle semble incomplètement connue et très largement sous-estimée. Son aspect novateur y est tout aussi important que dans le reste de sa production peinte et mieux protégé du vieillissement que les thèmes littéraires. Il est donc grand temps de remettre à l'honneur la peinture florale de Delacroix, dont il reste sans doute encore des œuvres à découvrir. » (p. 64)

Geneviève Lacambre, **Les Oubliés du Caire,** Catalogue de l'Exposition au musée d'Orsay, 1994.

« N°15 Bouquet de fleurs dans un vase de grès, h/t 65 × 43 cm, signé et daté en bas à droite Eug. Delacroix / 1847, musée Guézireh, Le Caire »

« La plupart des tableaux de fleurs de Delacroix ne sont pas datés. Avant celui-ci, on ne peut citer que le Bouquet de fleurs[(1)], daté de 1833, ayant appartenu à Villot et maintenant à la National Gallery of Scotland, à Édimbourg. Le somptueux bouquet du Caire, aux coloris éclatants, daté de 1847 à un moment où l'artiste s'intéresse à nouveau aux fleurs, précède les grandes compositions du Salon de 1849[(2)]. Comme celles-ci, il était resté dans l'atelier de l'artiste qui, selon l'inventaire après décès publié par Henriette Bessis, le léguait à M. Legrand « qui m'a témoigné tant de sympathie », comme il l'indique dans son testament... »

« On comprend pourquoi, lorsque le tableau apparut - par erreur - dans le catalogue de la vente posthume - Achille Piron, désigné comme légataire universel, le fit retirer.[(4)] Jamais vu à Paris - sauf au moment de sa vente publique en mai 1919 - ce tableau est parmi les plus réussis des bouquets de Delacroix. Plus fourni que celui de 1833, remplissant complètement la surface de la toile, il donne bien l'impression d'un morceau de nature, ainsi que l'expliquait Delacroix dans une lettre à Henri Dutilleux du 6 février 1849, qui contient une comparaison avec deux tableaux de Monnoyer. Delacroix reproche au peintre du XVIIe siècle « l'étude des détails poussée à un très haut point » qui « nuit un peu à l'ensemble » et déclare qu'au contraire lui-même a subordonné les détails à l'ensemble[(5)]. »

Notes :
1) 57 × 48 cm cf. Lee Johnson, The Paintings... **op. cit.**, t. III, n°492 et t. IV, repr. n°291 et Alain Daguerre de Hureaux, **Delacroix, op. cit.**, p. 315.
2) Henriette Bessis, « L'Inventaire... », art. cit., Inventaire après décès, n°106.
4) Je ne suis pas Lee Johnson lorsqu'il pense identifier le tableau du Caire avec une œuvre de même titre qui est signalée par Achille Piron (**Eugène Delacroix, sa vie** etc., Paris, p. 109) à l'année 1849, comme appartenant alors à M. Simon. Il doit s'agir d'une autre œuvre. Robaut, en 1885, n'indique aucune collection pour le tableau de 1847 et signale qu'il ne faut pas le confondre avec celui qui est passé en 1864 dans la vente George Sand (Robaut, n° 557).
5) Cité par Raymond Escholier. **Delacroix** etc. **op. cit.**, t. III, 1929, p. 138-139.
(p. 52)

Vincent Pomarède, « Le Sentiment de la Nature » dans ***Delacroix les dernières années,*** Catalogue de l'Exposition aux Galeries nationales du Grand Palais, Paris, 1998, pp. 117 - 122.

« Si l'on excepte les deux œuvres ayant appartenu à Frédéric Villot (**Bouquet de fleurs,** 1833, Édimbourg, National Galleries of Scotland) et George Sand (**Nature morte, bouquet de fleurs dans un vase en grès,** 1842, Vienne, Kunsthistorisches Museum), il n'existe pas de tableaux de fleurs peints avant 1848. » (p. 119)

«Contrairement aux scènes animalières, qui représentèrent souvent une simple source de revenus, les « portraits » de fleurs que Delacroix a réservés au public du Salon de 1849 et de l'Exposition universelle de 1855 et les paysages qu'il conserva jusqu'à sa mort dans son atelier pour son seul plaisir et sa documentation personnelle se situaient réellement au cœur de sa réflexion technique. » (p. 121)

« Malgré ses déclarations d'intentions, exprimées à Constant Dutilleux, concernant la nécessité de peindre ces « morceaux de nature comme ils se présentent dans les jardins » (voir l'introduction à ce chapitre), Eugène Delacroix a tout de même appliqué dans ses compositions pour le Salon la plupart des préceptes du genre, imposés depuis le XVIIe siècle : un mélange de fruits et de fleurs ou d'essences de fleurs très diversifiées, qui permet une plus grande variété des effets picturaux et des choix chromatiques ; un arrangement raffiné de fleurs dans la corbeille qui les accueille, etc. » (p. 129)

Nos 29 **Corbeille de fleurs renversée dans un parc,** vers 1848-1849, h/t 1,073 x 1,422 m., New York, The Metropolitan Museum of Art.

« Nous ignorons en fait les motivations profondes d'Eugène Delacroix lorsqu'il se détermina à présenter au Salon de 1849 cinq tableaux de fleurs - il ne devait en exposer finalement que deux, réservant à l'Exposition universelle de 1855 un envoi plus conséquent (voir cat. 31) ».

N°30 **Corbeille contenant des fruits posée dans un jardin,** vers 1848-1849, h/t,1.084 x 1,433 m. Philadelphie, Philadelphia Museum of Art.
« Dimanche 11 mars [1849]. - Travaillé de bonne heure au tableau des **Hortensias et de l'Agapanthus.** Je ne me suis occupé que de ce dernier » ; le tableau mentionné dans cette dernière citation est l'une des deux œuvres non localisées aujourd'hui.» (p. 129)

« Malgré ses déclarations, exprimées à Constant Dutilleux, concernant la nécessité de peindre ces « morceaux de nature comme ils se présentent dans les jardins » (voir l'introduction à ce chapitre), Eugène Delacroix a tout de même appliqué dans ses compositions pour le Salon la plupart des préceptes du genre, imposés depuis le XVIIe siècle : un mélange de fruits et de fleurs ou d'essences de fleurs très diversifiées, qui permet une plus grande variété des effets picturaux et des choix chromatiques ; un arrangement raffiné des fleurs dans la corbeille qui les accueille, renversée dans un cas (cat. 29) et orgueilleusement dressée sur une console dans l'autre (cat. 31) ; une mise en scène calculée de la relation entre les plantes et le paysage qui sert de décor, avec, dans le cas du tableau de New York, l'utilisation d'une architecture naturelle dominant la composition (voir aussi cat. 28) et, pour l'œuvre de Philadelphie, cette ouverture vers le ciel que l'on aperçoit à travers les rideaux d'arbres et de fleurs encore sur pied qui animent le fond de la composition. » (p. 129)

« À l'approche du Salon, alors que quatre tableaux étaient déjà parfaitement achevés (dont cat. 31), Eugène Delacroix devait décider, sans que nous connaissions les raisons profondes de cette résolution, de ne présenter que deux œuvres sur les cinq qu'il avait peintes durant l'hiver. Étant membre du jury, il était en fait absolument souverain dans ses choix et il a pu aisément demander à son parent et ami Léon Riesener de retirer au dernier moment les deux tableaux qu'il ne souhaitait plus montrer au public du Salon (lettre du 9 juin 1849 ; **Correspondance,** t. II, p. 380). Notons qu'Alfred Robaut et André Joubin ont tous les deux affirmé par erreur que Delacroix avait exposé trois œuvres au Salon de 1849, alors que le livret ne mentionne que les deux tableaux rassemblés ici (cat. 29 et 30). » (ibid.)

« Véritables fenêtres ouvertes sur une nature sereine, d'une grande fraîcheur XVIIe et en dépit de cette recomposition intellectuelle des éléments utilisés par l'artiste en hommage aux peintres nordiques et français des XVIIe et XVIIIe siècles, ces deux œuvres, dont l'une fut sans doute exposée de nouveau durant l'Exposition universelle de 1855 (voir cat. 31), constituent des « morceaux de bravoures » techniques dans lesquels se révèle l'ambition profonde de Delacroix : régénérer le genre grâce à une facture réaliste, en mettant les conventions stylistiques et le parti décoratif au service de la contemplation de la nature - et non l'inverse. » (p. 130)

N°31 **Vase de fleurs sur une console** 1849-1850 , h/t 1,35 × 1,02 m., Montauban, musée Ingres.

« Les deux seuls tableaux qu'il exposa finalement au Salon de 1849 (cat. 29 et 30), prenant pour décor un jardin à l'entretien savamment désordonné et proposant une combinaison recherchée de plantes sur pied et de fleurs coupées, reflétaient d'ailleurs cette quête d'une apparence - toute relative - de naturel, dédaignant les symboles et les mises en scène apprêtées. » (ibid.)

« Cependant, au même moment, comme pour ses scènes animalières, Delacroix voulut aussi démontrer sa capacité à égaler les maîtres de l'histoire de la peinture en exécutant avec toute sa virtuosité des bouquets de fleurs de manière entièrement décorative. Sans doute est-ce pour cette raison qu'il a commencé durant ce premier semestre de l'année 1849 ce tableau révélant un univers pictural parfaitement traditionnel, dont la mise en scène est directement liée aux natures mortes du XVIIe et XVIIIe siècle. » (ibid.)

« Commencé au début du mois de mars 1849, comme le prouvent divers extraits du **Journal** (p. 184, 185), cet aristocratique tableau de fleurs, regroupant une dizaine d'essences de plantes différentes – marguerites, glaïeuls, digitales, cinéraires, campanules, crêtes de coq, pavots et roses d'après Daniel Ternois -, posa sans doute divers problèmes techniques à Delacroix, qui poursuivait parallèlement l'exécution des quatre autres tableaux de fleurs prévus pour le Salon, et il n'était toujours pas achevé le 3 mai de la même année. Ce jour-là, le peintre écrivit à son encadreur, le marchand de couleur Souty (**Correspondance**, t. II, p. 375), pour lui signaler qu'il allait peut-être renoncer à exposer ce tableau, toujours inachevé : « Je m'aperçois à présent... juin. » (pp. 130-132)

« On a beaucoup disserté sur la décision de l'artiste de ne pas envoyer au Salon cette œuvre, qui n'était d'ailleurs pas davantage terminée au mois de juin 1849, alors que l'exposition était déjà ouverte au public. Certains auteurs ont mis cette attitude sur le compte d'une insatisfaction technique ou esthétique de Delacroix, qui aurait considéré ce tableau comme un échec ou une toile imparfaite (Daniel Ternois), d'autres ont plutôt insisté sur les contraintes du manque de temps (Lee Johnson) - ces deux thèses n'étant d'ailleurs nullement incompatibles. De toute façon, son achèvement préoccupait suffisamment le peintre pour qu'il ait recommencé à y travailler un an plus tard, comme le prouve son **Journal**, dans lequel nous apprenons, à la date du 11 mars 1850, qu'il a « repris le dernier **tableau de fleurs** (p. 227).» (p. 132)

« Lee Johnson a rapproché en 1986 ce tableau de l'œuvre léguée en 1863 par Eugène Delacroix à Eugène François Charles Legrand... Mais Geneviève Lacambre (**Les Oubliés du Caire,** cat. exp., Paris, musée d'Orsay, RMN, 1993, n°15, p. 52), suivant en cela Henriette Bessis, qui a publié l'inventaire après le décès de Delacroix (Bessis, 1969), n°151, p. 314), a suggéré que le « grand tableau de fleurs en hauteur » (Burty, 1878, p. IX) légué à Legrand par Delacroix... devait être plutôt le **Bouquet de fleurs dans un vase en grès** conservé au musée Guézireh du Caire (fig. 1). Malgré l'intérêt de cette nouvelle proposition, nous suivrons plus volontiers Johnson dans sa réflexion, puisque la définition de « grand tableau en hauteur » paraît s'appliquer davantage au présent tableau, mesurant tout de même 1,35m de hauteur, alors que l'œuvre du Caire, par ailleurs de fort belle facture et sans aucun doute datable de la même période, est deux fois plus petite. » (ibid.)

N°32 **Bouquet de fleurs dans un vase** ou **Deux vases de fleurs,** Vers 1848-1849, h/c. 0,45 × 0,59 m., Brême, Kunsthalle.

« Compte tenu de la nature de son support et de certaines zones de la couche picturale volontairement non travaillées, ce tableau peut donc être considéré comme une étude « d'après le modèle », préparatoire à la série des cinq tableaux sur lesquels Delacroix travailla pour le Salon à la fin de l'année 1848 et au début de l'année 1849. » (p. 133)

« Grâce à sa variété et à la complémentarité chromatique qu'il favorisait, cet assortiment de plantes et de fleurs naturelles apportait au peintre, qui ne se préoccupait pas de « récit pictural » ou de disposition plastique, des éléments visuels lui permettant de se concentrer uniquement sur des questions techniques. » (p. 134)

Arlette Sérullaz, **Delacroix les dernières années,** Paris, 1998.

N°25 **Bouquet de fleurs** (1848 ?), Aquarelle sur traits de crayon noir, 0,205 × 0,264 m., Montpellier, musée Fabre.

« Ce n'est pas (non plus) bon marché, mais quelle délicatesse et quelle fraîcheur de tons. Ce n'est pas l'éclat de Diaz, mais quelle supériorité de sensations et de distinction dans les fleurs, même peu faites, comme celle-ci, chez Delacroix. Vu à quatre pas, et non le nez dessus, ce bouquet de Delacroix est d'un aspect ravissant... Rare morceau, volontairement imparfait mais d'une poésie et d'une simplicité étonnantes. Les feuilles de la rose qui semble gauchement épanouie, dans des volutes et des écarquillements primitifs, dont l'imagination asiatique de Delacroix était seule capable et que saint Jean eut méprisée... » [Citation d'après Théophile Silvestre] (p. 124)

N°27 *Étude de fleurs,* vers 1848-1849, Pastel, 0,240 x 0,309 m., Collection particulière.

« Peu soucieux de dessiner avec exactitude chacune des fleurs sélectionnées, Delacroix a porté toute son attention sur la diversité de leurs formes éclairées en pleine lumière, ainsi que sur la subtilité de leurs couleurs. » (p. 126)

N°28 *Feuillages et Liserons en arceaux,* Vers 1848-1849, Pastel sur papier gris, 0,306 x 0,457 m., New York, The Metropolitan Museum of art.

« Le motif de ces arceaux se retrouve, avec de sensibles variantes, dans la peinture **Corbeille de fleurs renversée dans un parc** (cat. 29) ». (p. 126)

Détails

Le tableau que nous examinons présente plusieurs détails qu'on trouve aussi dans d'autres œuvres de Delacroix. Voici quelques exemples affichés par ordre alphabétique.

Arceaux

En observant le tableau découvert nous constatons l'existence d'un arceau derrière le bouquet de fleurs qui monte de gauche à droite. Il est à peine visible. Delacroix a utilisé ce motif dans un pastel peint à la même époque qui se trouve au Metropolitan Museum of Art, New York, **Feuillage et Liserons en arceaux.** M. Arlette Sérullaz a noté : « Le motif de ces arceaux se retrouve, avec de sensibles variantes, dans la peinture **Corbeille de fleurs renversée dans un parc** ». (A. S. **Catalogue de l'Exposition Delacroix**, 1998, N°28, p. 126)

Cactus

On a observé que Delacroix a eu tendance à enrichir le fond de ses tableaux par l'insertion de plantes sauvages et d'arbustes. Nous trouvons une plante épineuse dans notre tableau à côté de l'étang. Ce phénomène est évident dans plusieurs œuvres de l'artiste :

Exercices militaires des Marocains ou Fantasia arabe, n°124, 1832. (p. 63) ; **Fantasia arabe devant la porte de Meknès**, n°134, 1832. (p. 66) ; **Fantasia arabe**, n°291, 1833. (p. 67) ; **Chasse au tigre**, n°403, 1854. (p. 143) ; **La Mort d'Ophélie**, N°s 194, 1838 ; 260, 1844 et 395, 1853. (p. 154) ; **Combat d'Arabes dans les montagnes, ou la Perception de l'impôt arabe,** n°480, 1863. (p. 171) ; **Arabe près d'un tombeau**, 1838. (p. 195) ; **Le Christ au jardin des Oliviers**, 1851. (p. 337) ; **Tigre effrayé par un serpent**, 1858. (p. 444) (cf. M. Sérullaz, **Delacroix**, 1981)

Ceci se retrouve aussi dans **Tigre s'abreuvant** (R. Escholier, vol. III, 1929, p. 221, L. Johnson n°262, pl.

Dans le catalogue de l'Exposition Delacroix 1998, nous trouvons :

N°11 **Chasse au tigre**, 1854, Page 96 : « Delacroix a enrichi certaines zones du tableau, jugées trop vides – le premier plan - , avec des plantes aux origines géographiques indéfinies qui fournissent un alibi exotique. » v. Sér. N° 403.

N°15 *Lion et Caïman ou Lion maintenant un lézard ou Lion dévorant un alligator,* 1855. P. 102 : « Mise en scène dans un paysage d'arbustes et de monticules rocheux évoquant davantage la forêt de Sénart que les déserts de l'Afrique. » V. Sér. N°s 412 et 482.

N°17 *Jeune femme emportée par un tigre ou Indienne mordue par un tigre,* 1856. « hautes herbes aquatiques, à droite » p. 106. V. Sér. N°417.

N°105 *Le Passage du gué,* 1858. V. Sér. N°436

Sophie Join-Lambert nous donne les renseignements suivants :
« Croquis n°9 : Études de plantes et de rochers à Pont-Chalais, lieu-dit situé à 2 km. au Nord-est de l'étang du Moulin des Pré. Fig. 9 : Les plantes sauvages dessinées scrupuleusement permettent de reconnaître des espèces typiques de ces sols arides : le solanum, la datura, l'amerante et le géranium sauvage. » (« Les séjours de Delacroix en Touraine » dans **Delacroix en Touraine,** 1998, p. 60)

Corbeille

Au XVIIème siècle, plusieurs artistes ont figuré des bouquets de fleurs dans des corbeilles parmi lesquels Jean-Baptiste Monnoyer, dit aussi Baptiste l'Ancien, dont parle Delacroix dans sa lettre à C. Dutilleux. Voici le texte de cette lettre :

« J'ai été voir, presque aussitôt après avoir reçu votre lettre, les deux tableaux de fleurs[1] ; J'en ai exactement la même opinion que vous m'exprimez. Ils sont pleins de talent : la touche surtout en est surprenante ; ils ne me semblent pêcher que par le défaut qui est commun à presque toutes ces sortes d'ouvrages faits par des hommes spéciaux : l'étude des détails, poussée à un très haut point, nuit un peu à l'ensemble. Je crois aussi que l'effet du temps est d'augmenter cette imperfection. Comme l'artiste, en exécutant, a moins procédé par de grandes divisions locales de lignes et de couleurs que par une attention extrême à exprimer les différentes parties, les objets qui dans le tableau servent en quelque sorte de fond à chacun de ces détails, mis en relief avec une trop grande complaisance, disparaissent à la longue, et il ne reste que cet éparpillement qui nuit un peu à l'effet. Tout cela n'ôte pas réellement de valeur à ces tableaux, dont l'exécution est trop supérieure pour être confondue avec tout ce qui se fait en ce genre. Note 1 (A. Joubin) : Deux tableaux anciens de fleurs.

Vous avez la bonté de me parler des tableaux de fleurs que je suis en train d'achever. J'ai, sans parti pris, procédé d'une façon toute contraire à celle des deux ouvrages en question, et j'ai subordonné les détails à l'ensemble autant que je l'ai pu. J'ai voulu aussi sortir un peu de l'espèce de poncif qui semble condamner tous les peintres de fleurs à faire le même vase avec les mêmes colonnes ou les mêmes draperies fantastiques qui leur servent de fond ou de repoussoir. J'ai essayé de faire des morceaux de nature comme ils se présentent dans les jardins, seulement en réunissant dans le même cadre et d'une manière un peu probable la plus grande variété possible de fleurs. Je suis à présent dans l'inquiétude de savoir si j'aurai le temps de finir, car je n'ai pu encore m'y remettre, et il y a beaucoup à faire. S'ils sont finis à temps et comme je le désire, je les mettrai probablement au Salon. Il y a en a cinq, ni plus ni moins[1]. Note 1 : Deux seulement figurèrent au Salon de 1849. » (Lettre du 6 février 1849 dans A. Joubin, **Correspondance** II, (1838-1849), pp. 372-373.

Par ordre chronologique je cite les artistes qui ont peint des fleurs avec corbeille dont des œuvres se trouvent pour la plupart au Louvre :

Beert Osias, l'Ancien (157-1624), Van der Ast Balthsar (1593/1594-1657), Linard Jacques (vers 1600-1645), Moillon Louise (1610-1696), Monoyer, Jean-Baptiste (1634-1699) à Versailles et Rennes, Belin Jean (1653-1715) et aussi au Château de Versailles sous le nom Blin (Blain) de Fontenay (1653-1715), Van Huysum Jan, l'Aine (1682-1749) a) (*Fruits et fleurs avec corbeille renversée sur fond de parc* où figure aussi un arceau) et b) *Corbeille de fleurs avec piédestal sur fond de parc*, Van Os, Jan (1744-1808) à Lille, Berjon Antoine (1754-1843) et aussi à Lyon *Fleurs et fruits dans une corbeille d'osier* (1810), Van Dael Jan Frans (1764-1840) *Fleurs et fruits* à Rouen. Nous signalons les deux tableaux de Van Huysum Jan (a et b) car ils ont des détails qui semblent avoir influencé ceux de Delacroix (nos. 29 et 30 du catalogue de l'Exposition 1998).

Étang (Marais)

Le tableau que nous étudions contient un détail inhabituel chez les artistes de bouquets de fleurs dans une corbeille. C'est le fait que la corbeille soit placée à côté d'un étang. Ce motif a été utilisé souvent par Delacroix pour remplir le vide autour du sujet principal. Nous le trouvons dans les œuvres suivantes : **Un pâtre de la campagne de Rome** (1825–1827) (Sérullaz. n°61, L. Johnson, n°162, pl. 143, **Tigre s'abreuvant (Tigre buvant)** (Escholier, p. 221 et Johnson 1964), **Le Christ au jardin des Oliviers** (1851) Sérullaz, n°337 et Dessin I, n°433), **La Lutte de Jacob avec l'Ange** (esquisse) (1850) (v. Sérullaz, N°325).

Que Delacroix se souvenait des étangs est illustré par les pièces suivants : a) **Le grand étang du Louroux** (lavis) fig. 8, **L'étang de Beauregard** (tableau), fig. 7 et **Le paysage avec étang** (tableau) fig. 9 qui figurent dans le catalogue **Delacroix en Touraine,** Exposition 1998. Concernant les relations de Delacroix avec ces étangs à Louroux, Sophie Join-Lambert nous donne des renseignements précieux. Ainsi elle nous informe que grâce aux recherches du Dr. Jean-Luc Stéphant l'étang qui figure au tableau du Louvre est celui de Beauregard situé à l'entrée du Louroux. Pour l'étang du tableau aujourd'hui à Bâle (fig. 9), que Delacroix décrit comme « la petite étude de l'Étang du Louroux » (*Journal*, p. 218) et dont on a pensé qu'il s'agissait de l'étang Grillemont situé à environ dix kilomètres du Louroux, S. Join-Lambert préfère le localiser plus près du Louroux, à savoir l'étang du Moulin du Pré. Elle ajoute : « De plus, c'est à cet endroit précis que Delacroix réalisera également **l'Étude de rochers et de plantes,** conservé à Brême (cat. N°9). Pour des détails concernant les recherches du Dr. Jean-Luc Stéphant, v. L. Johnson III, Supplement, p 336 et p. 337 les figures 7 et 8 : Étang de Beauregard et Grillemont.

Il est intéressant de noter que Delacroix a commencé son *Journal* au Louroux le mardi 3 septembre 1822 et c'est justement le premier mot qu'il a écrit. A. Joubin dans une note nous informe : « (1) Le **Louroux** est un village, près de Montbazon, dans l'arrondissement de Loches (Indre-et-Loire). Le frère aîné de Delacroix, le général Charles Delacroix, y avait une petite propriété où Eugène venait passer quelquefois les vacances. La maison du Louroux subsiste encore près de l'étang ; elle sert de bureau de poste. Dans le jardin, on voit un cèdre planté par le général. »

Tableaux « faibles »

Dans une lettre du 9 juin 1849 à L. Riesener, Delacroix souffrant a demandé à son cousin de lui « rendre le service de faire retirer les deux qui sont les plus faibles ». Nous savons que Delacroix a envoyé au Salon quatre tableaux (cf. L. Johnson, **Revue du Louvre**, 1966, p. 217) Ceci est confirmé par Théophile Silvestre qui les a vus avant l'intervention de Riesener et a écrit : « N'oublions pas quatre grands tableaux de Fruits et de Fleurs. Deux nous paraissent un peu trop sombres, les deux autres sont d'un éclat, d'une suavité, d'une fraîcheur et d'une harmonie incomparable. » (Th. Silvestre, **E.D. : documents nouveaux**, Paris, 1864, p. 13)

Delacroix a été troublé par l'emploi du brun de Prusse, ce qui est évident par sa lettre en 1848 à Haro, son fournisseur. A. Joubin ajoute le commentaire suivant : « L'emploi du brun de Prusse explique pourquoi ce dernier tableau **(Femmes d'Alger**, au Musée de Montpelier (Robaut 1077) a noirci tandis que les **Femmes d'Alger** au Salon de 1834 dont les dessous sont peints différemment sont restées si claires. » Le tableau à Montpellier, signé et daté, a été peint pour le Salon de 1849. Ceci est très important et explique en partie la raison pour laquelle les deux tableaux, les plus faibles, ont été retirés.

E.J. Delécluze à ce sujet a écrit en 1855 : « Aquarelle : discussion sur l'huile et ses inconvénients, entre autres la promptitude avec laquelle les liquides oléagineux font brunir, noircir même les matières colorantes, et, ce qui est plus grave, le peu de durée garantie aux chefs-d'œuvre de l'art peints à l'huile sur des toiles imprimées également à l'huile, et que l'on est obligé de couvrir d'un vernis qui jaunit si promptement lui-même. » (p. 121) « Les inconvénients attachés à la peinture à l'huile semblent avoir plus particulièrement frappé les artistes depuis une trentaine d'années et le succès a parfois couronné les efforts tentés pour retrouver et remettre en pratique les procédés de la fresque et de la peinture à la cire. » (p. 123)

Charles H. Pouthas dans un article paru en 1935 aborde le même sujet par rapport à Delacroix. Il a écrit : « La vie d'un artiste du XIXe siècle est devenue un enfer. Delacroix se débat dans des problèmes insolubles, déchiré par l'impuissance à réaliser matériellement sa vision. » (p. 176) « Et quelle serait la tristesse de ces artistes s'ils revoyaient aujoud'hui leurs œuvres. A peine ont-ils posé la palette qu'un mystérieux travail commence qui tranforme leur tableau. La dernière exposition orientaliste de Delacroix criait le désaccord affligeant de ses tableaux : telle couleur a foncé, telle autre a imprégné sa voisine faisant disparaître les demi-teintes : les bleus ont tourné au vert : certes Delacroix ne les avait pas réalisés tels que nous les voyons. De son vivant même, il avait dû repeindre les « Massacres de Chio » en 1847, le « Sardanapale » : le « Trajan » du Musée de Rouen s'anéantit malgré les efforts désespérés des restaurateurs. » (p. 177) « Pourquoi telle copie de Rubens par Delacroix au Musée de Bruxelles est-elle pauvre à côté du modèle ? Les artistes ne sont ni moins doués, ni moins fervents aujourd'hui qu'il y a deux cents ans. Il leur manque donc quelque chose, quelque moyen « matériel ». Le premier esthéticien à l'avoir compris est ce J.-L.-F. Mérimée (« La peinture à l'huile », 1830, préface) que Prud'hon interroge en vain d'ailleurs, car le Christ qu'il peint en 1823 avec le vernis que Mérimée a cru retrouver, est de tous ses tableaux celui qui a le plus horriblement souffert. » (p. 177)

L'article le plus récent sur ce sujet a été écrit par David Liot dans le catalogue de l'Exposition Delacroix – les dernières années, pp. 384-393. Tout ce qui précède doit être pris en considération pour expliquer en partie pourquoi notre tableau a les mêmes caractéristiques de faiblesse.

Les fleurs

Dans le tableau découvert nous apercevons un bouquet de fleurs tricolores dans une corbeille posée à terre et à côté de celle-ci deux pots qui de toute évidence contiennent des géraniums. Les fleurs du bouquet peintes en blanc, bleu et rose sont difficilement identifiables et elles ont la forme de pompons. Les fleurs blanches ont des cœurs en jaune. Je suis d'avis que ces fleurs sont des reines-marguerites. J. C. Beunas dans son Guide des fleurs (éd. 2004)) les décrit ainsi : « Callisthephus chinensis, la reine-marguerite, est une annuelle de 60 à 90 cm de haut, à feuilles ovales ou lancéolées. Les tiges dressées et ramifiées portent de juillet à octobre, des marguerites simples ou doubles, à cœur généralement jaune. Les teintes disponibles varient du bleu lavande au violet, du pourpre au rose, du jaune au blanc. Ces fleurs ont connu leur heure de gloire au siècle dernier. » Il mentionne aussi les reines-marguerites classées sous le nom de Matsumoto – cultivars originaires du Japon, les plus vendus aujourd'hui (fleurs précoces semi-doubles au cœur jaune, à tiges longues, dans des coloris bleus, roses, rouges, blancs. – « Pompon » (souvent appelé 'Aster pompon ' aux fleurs doubles en pompon disponible dans de nombreux coloris.) » (p. 97)

Delacroix lui-même donne rarement le nom des fleurs. Dans son *Journal* nous trouvons seulement des références aux Hortensias. (J. p. 179 et 180) et « Hortensias et de l'Agapanthus » (p. 184). Dans sa *Correspondance* (Lettre à Madame de Forget en automne 1849) il mentionne les marguerites (II, P. 398). Les n°87 et 89 du catalogue de la Vente posthume de 1864, préparé par Ph. Burty, mentionnent : « marguerites et dahlias » et « hortensias ».

Dans les dessins de Delacroix, nous trouvons le nom de quelques fleurs : « rose d'inde » et « souci » (cf. Mine de plomb – Étude de fleurs, n°26 cat. Expos. p. 125 (13 nov. 1848). J'exclus la possibilité qu'il y ait des roses d'Inde dans notre tableau pour la raison que ces fleurs ont des capitules seulement jaunes ou oranges. (v. Beunas, p. 100). Sur l'aquarelle du Louvre (RF 4508) Delacroix a écrit : « feuille d'hortensia jaune ». (cf. cat. Expos. n°34 p. 136).

On peut rapprocher les fleurs de notre tableau de celles qui figurent dans d'autres tableaux de Delacroix faits à la même époque, par exemple, celui de New York (cat. Expos. n°29, p. 127) où on voit que l'artiste a voulu accentuer les tiges de deux fleurs blanches renversées (cf. particulièrement les réceptacles avec les sépales vertes du calice). Décrivant l'aquarelle du Louvre (RF 3441) ***Études de fleurs : soucis, hortensias et reines-marguerites,*** pour l'Exposition de 1963 (p. 51, n°84), R. Bacou a écrit : « Dans la verdure, les taches colorées de soucis et de reines-marguerites bleues, blanches et roses ». Les fleurs de notre tableau représentent les mêmes couleurs tricolores.

En observant l'arrangement des fleurs dans la corbeille de notre tableau nous constatons qu'il y a une tendance à grouper les fleurs de différentes couleurs par quatre, trois ensemble et la quatrième un peu éloignée. Ceci est évident en ce qui concerne les fleurs blanches en haut et en bas du bouquet ; c'est la même chose pour les fleurs bleues à gauche. Le choix de grouper les fleurs par trois est répété souvent : 1) tableau à New York (cat. Expos. n°29) à deux reprises (fleurs rouges renversées) ; 2) tableau à Philadelphie (n°30) (fleurs à gauche au milieu) ; 3) tableau de Montauban (n°31) (trois roses à gauche) ; 4) aquarelle au Louvre (trois roses en haut à droite).

Dans le bouquet de fleurs de notre tableau nous remarquons aussi l'existence des œillets qui tombent à l'extérieur de la corbeille, chose qu'on trouve chez d'autres peintres (ex. Beert Osias, l'Ancien, J.-B. Monnoyer, Van Huysum, Van Dael Jan Frans et Jacques Linard). On voit que l'artiste veut attirer notre attention sur le réceptacle de la tige comme dans le tableau de New York. Que Delacroix aimait les œillets et avait chez lui des pots de ces fleurs est confirmé par un récit reproduit par Robaut au n°1012 (Bouquet de fleurs, carton, légué au baron Rivet) (p. 266) : « Un élève dont nous parlerons au n° suivant n'ayant pas sur place un palmier pour modèle, Eugène Delacroix lui donne un pot d'œillets dont les tiges et les feuilles divergentes lui suffirent. Et le maître ajouta : « Tout ce qui, dans la nature, se rapproche en petit ou en grand de l'objet que vous avez à peindre, doit vous servir, à défaut d'un modèle véritable. Il faut se laisser aller à ses impressions, travailler librement, n'être ni trop exigeant, ni trop sévère. Le trop de sévérité est un défaut aussi nuisible que le trop grand contentement de soi-même » (Souvenirs de M. de Planet).

Le style adopté par Delacroix dans la série des cinq tableaux préparés pour le Salon de 1849, parmi lesquels je compte le tableau retrouvé et non le tableau de Montauban, est innovant. Il a suscité un étonnement et nous avons déjà cité les opinions des différents critiques d'art de l'époque passée. Les opinions vont de la plus défavorable de L. Desnoyer à la plus élogieuse de Th. Gautier et Pr. Haussard.

Je crois que V. Pomarède a bien signalé la complexité du style de Delacroix en affirmant : « ses choix esthétiques de paysagiste ont aussi un intérêt intrinsèque, que l'on perçoit à travers sa passion pour les problèmes techniques, le traitement des ombres et de la lumière et l'élaboration de la gamme chromatique, ainsi que dans l'équilibre rigoureux qu'il cherchait à établir entre le travail « après nature », exécuté presque instinctivement en plein air, et la maturation nécessaire des séances en atelier, mettant en valeur plutôt le rôle de la mémoire et de l'imagination. » (cat. Exposition, p. 117) Il s'explique : « Afin de ne pas demeurer trop dépendant du travail sur le motif et pour stimuler sa créativité, Delacroix a donc multiplié les études dites de « ressouvenir », c'est-à-dire la reprise des études exécutées d'après nature, entièrement retravaillées de mémoire, en atelier. Cet exercice favorisait le travail conjoint de l'œil et de la main et, surtout, permettait d'entretenir les souvenirs visuels et de nourrir l'imagination. » (p. 120)

Géranium

Dans notre tableau figurent à droite dans un ou deux pots des géraniums à peine visibles. Le Catalogue de l'Exposition de 1998 nous montre un dessin (n°26) ***Étude de fleurs*** (1848), une aquarelle (n°33) ***Bouquet de fleurs*** (1849) et un tableau (n°29) ***Corbeille de fleurs renversée dans un parc*** (1848-1849) où on trouve des géraniums. Il est intéressant de noter que l'artiste a figuré les géraniums à droite dans le tableau de New York comme il l'a fait dans celui que nous examinons. A. Robaut (n°1040) nous a fait connaître une peinture *Un bouquet de fleurs dans un vase*, H. 31 x L. 43 cm. qui est signée et datée 1848. Il a fait le commentaire suivant : « Un seul rouge franc pique sa note hardie sur la droite, en ces quatre pétales de géranium. » Ceci est étonnant si on pense que les géraniums ont normalement cinq pétales. L.-A. Prat concernant le *Robaut annoté* (n°1040) nous informe de l'existence d'un Crayon noir et de couleur sur papier gris beige 71 x 103, annoté au dos « Vente posthume E.D. o. 92, 820 frs. Signé au bas et à droite, daté 1848. Chez M. Choquet août 1877. Le catalogue de la Vente posthume ne fait aucunement mention ni de la signature ni de la date. Voir Moreau, p. 315. Selon le *Robaut annoté* cette toile passa dans la Vente posthume de la veuve Choquet en juin 1899. » Il n'y a pas trace du tableau mesurant 31 x 43.

Signature

Que Delacroix ait signé quelques œuvres de ses initiales E. D. est attesté par A. Robaut (p. XLII-XLIII) : n°595, 1834 (p.158) corrigé 1843 (p. 489) ; H. H. Caplan, *The Classified Directory of artist's signatures, symbols and monograms*, London, 1982 ; Loys Deltheil, *Eugène Delacroix, The Graphic Work, A Catalogue Raisonné*, translated and revised by Susan Strauber, San Francisco, 1997 (n°s. 39, 115, 117 et 130.) ; E. Benezit, Dictionnaire critique et documentaire des peintres... éd. 1976, vol. 3, p. 443 et nouv. éd. 1999, p. 366.) L. Johnson a indiqué aussi les initiales E. D. sur des tableaux de fleurs : n°494 (Pl. 293), n°495 (Pl. 292), n°496 (Pl. 292) et n°500 (Pl. 297) dont la signature n'est pas visible dans les reproductions publiées. On les trouve sur le *Christ en Croix* au Louvre, tableau donné à Madame de Forget

Sur notre tableau les initiales représentent un phénomène particulier car la lettre D est écrit à l'envers (v. Robaut n°595, 1843, p.158 et 489). Cette signature se trouve dans un pastel, inconnu de Robaut : « Tigre qui lèche sa patte » (L. Johnson, III, n°190, p. 19, fig. 5. Ce type de lettre se retrouve plusieurs fois chez Delacroix lorsqu'il écrit son nom tout entier (cf. Lettres de Delacroix à C. Dutillez, publiées par A. Robaut, 1865). Robaut reproduit cette type de lettre aux nos. 609, 951, 1046, 1074, 1260, 1325, 1366, 1398. On le retrouve sur l'aquarelle du Louvre, *Tigre attaquant un cheval sauvage* (v. Dessins I, n°1128 pp. 405-406) et sur les aquarelles faites pour le comte Mornay (cf. F. Daulte, 1969, p. 31)

À ce sujet je dois ajouter une note concernant un autre peintre dont la signature ressemble à celle de Delacroix. Il s'agit de Edgar Degas. P. A. Lesmoisne dans son livre **Degas et son œuvre** Paris, 1946, nous avait publié des spécimens de sa signature. (I, p. 263 ; IV, p. 106) Théodore Reff dans son article « A Page of Degas Signatures », *Gazette des Beaux-Arts*, mars 1960 (p.183) parle aussi de Degas et de sa préoccupation de sa signature. Il se réfère à J. S. Boggs et son article « Degas Notebooks at the Bibliothèque Nationale. III : Group C (1863-1866) » **The Burlington Magazine**, C (July 1958) (p. 245) qui date la page c. 1877. En 1976 Theodore Reff revient à Degas dans son livre **Degas : the artist's mind**. À la page 39 il nous montre quelques imitations de la signature de Degas. Dans ce livre Th. Reff fait un bref commentaire sur le tableau des fleurs par Degas qu'il nomme « A Woman with Chrysanthemums » (1865) et dit : « If the image of the woman in this picture, now in the Metropolitan Museum, is reminiscent in its linear definition and subtle modeling of Ingres's late female portraits, the painting of the bouquet is equally indebted in its brighter coloring and freer execution to Delacroix's still lifes of flowers, several of which figured in exhibitions and sales held in Paris in 1864 [e.g. 37 = A Bunch of flowers in a Stone Vase, 1843, Vienna]. Reff fait une revue des œuvres de Delacroix copiées par Degas ou qui se trouvaient en sa possession.

En relation avec ce qui a été écrit par Th. Reff je trouve utile pour les lecteurs de mon étude de reproduire le texte qui accompagne le même tableau de fleurs de Degas qui a été exposé à Paris en 1988 : « n°60. Femme accoudée près d'un vase de fleurs (Madame Paul Valpinçon ?), dit à tort « La femme aux chrysanthèmes » 1865, h/t. 737 x 92,7 cm., signé et daté en bas à gauche 1865 Degas, New York, Metropolitan Museum, Lesmoines 125. La scène est campagnarde, la fenêtre ouvre sur une masse de verdure et les fleurs réunies en un énorme bouquet sont des fleurs de jardin fraîchement coupées ; non pas des chrysanthèmes comme on le dit généralement mais un mélange de reines-marguerites, blanches roses ou bleues, de giroflées noires et jaunes, de centaurées, de gaillandes, de dahlias, fleurs de fin d'été (août-septembre) qui poussent d'ordinaire, dans toute propriété bien tenue, sur ces parterres de fleurs à couper jouxtant le potager… stylistiquement ce bouquet ne peut avoir été peint durant le séjour italien et doit être du milieu des années 1860 – les fleurs qui le composent ne poussent d'ailleurs pas dans le Midi mais dans les climats tempérés ; posé seul sur cette table avec grappe tombante de fleurs à droite, ce fond de papier peint, cette fenêtre ouverte, il serait sans équivalent dans l'œuvre de Degas et serait le seul exemple de « bouquet dans un intérieur » (pp. 114-115)

Que Degas ait imité la signature de Delacroix, surtout la lettre D à l'envers, est indéniable. Qu'il ait vu la signature de Delacroix dansi les œuvres qu'il possédait, aux expositions et ventes de Delacroix, ou parmi les collections de ses amis est une probabilté. Vu l'historique que nous avons développé de notre tableau je ne pense pas que ces initiales aient été écrites par Degas. Il n'a peint qu'un seul tableau de fleurs et son style est tout à fait différent de ceux des tableaux préparés par Delacroix pour être exposés au Salon de 1849.

Subordination

Ce qui caractérise notre tableau est le fait que l'artiste a peint les fleurs « comme pour une esquisse » et que certaines zones de la couche picturale sont volontairement non travaillées, pour reprendre la description faite par V. Pomarède pour le tableau de Brême **Bouquet de fleurs dans un vase ou Deux vases de fleurs** (1848-1849) n°32 du Catalogue de l'Exposition de 1998.

Ce détail a été signalé auparavant par Daniel Ternois dans son article sur le tableau aujourd'hui au Musée Ingres de Montauban. Après avoir cité le passage de la lettre de Delacroix du 6 février 1849 à C. Dutilleux où l'artiste expose sa conception concernant les tableaux de fleurs et révèle son intention de subordonner les détails à l'ensemble, Ternois a écrit : « Delacroix a en effet groupé avec naturel des fleurs nombreuses et variées. Il a préservé l'effet d'ensemble en sacrifiant les détails, en évitant toute minutie et en introduisant dans la facture et dans l'éclairage cette *subordination* qui est un élément essentiel de son art : les parties du bouquet qui sont les plus éloignéees du regard sont traitées en esquisse et noyées dans l'ombre. (p.236)

Résumé

Le 6 février 1849 Delacroix déclare être « en train d'achever » des tableaux de fleurs pour le Salon de cette année et précise leur nombre : « Il y en a cinq, ni plus ni moins ». (Lettre à Dutilleux, A. Joubin. **Corr.**, II, p. 373) Dans sa lettre à M. Souty, doreur, le 3 mai 1849, il écrit : « Je m'aperçois à présent que j'aurai peine à achever celui des cinq tableaux de fleurs qui est plus petit que les autres (celui qui est en hauteur). » (Corr. II, p. 375)

A. Joubin, éditeur de la Correspondance, dans sa note 1 a identifié ces cinq tableaux ainsi : « **Robaut**, 1041, 1069, 1070, 1071, 1072. Ces quatre derniers tableaux ont figuré à la vente posthume de Delacroix. – Ils ont disparu aujourd'hui. Le n°1041 est le tableau dont il est question ici ; il figura au Salon de 1849. » (II, p. 375) A. Joubin est le premier qui a pensé sans preuve que le **Robaut** n°1069 (aujourd'hui au Musée de Montauban) se trouvait parmi les cinq. Il s'est trompé en affirmant que ce tableau a figuré à la vente posthume et « disparu aujourd'hui ». Il a eu tort encore de déclarer que le n°1041 est le tableau auquel Delacroix se réfère dans sa lettre à Souty. Les raisons sont les suivantes : le **Robaut** n°1041 **Corbeille de fleurs posée sur un socle** (aujourd'hui à Philadelphie), mesurant 1,084 × 1,433 m, n'est pas en hauteur et certainement pas plus petit que les autres.

Concernant le **Robaut** 1069 (**Fleurs dans un vase ble**) A. Joubin n'a pas remarqué que Robaut signale le fait que ce tableau a été légué à M. Legrand. Il l'a daté parmi les fleurs peintes en 1849 indiquant aussi ses dimensions (1m35 × 1m00) et faisant la description suivante : « on distingue... des reines-marguerites, des glaïeuls, de grosses giroflées, des digitales, des anémones, des campanules, des crêtes de coq, des pavots et des roses ». (**Robaut**, p. 283) D. Ternois a repris cette même description plus tard. M. Sérullaz se basant sur l'affirmation de Joubin a écrit : « Delacroix, à Nohant, s'était mis à peindre des fleurs (n° 67) : pendant l'été 1848 et début 1849 il prépare pour le Salon cinq grandes compositions florales (**Robaut** n°s 1041, 1069, [1070], 1071, 1072). (**Mémorial de l'exposition Eugène Delacroix,** 1963, p. 50). Plus tard en 1986 Lee Johnson a répété la même chose, suivi par V. Pomarède dans le catalogue de l'Exposition.

Même si Delacroix a travaillé le tableau de Montauban au début de l'année 1849 il ne ressort nulle part qu'il avait l'intention de le présenter au Salon. Il est peint dans un style tout-à-fait en contradictoin avec sa pensée, écrite dans sa lettre à Dutilleux. (Joubin, **Corr.** II, p. 373) Le tableau a été exposé en 1855 et légué à M. Legrand selon son testament, écrit le 3 août 1863 - dix jours avant son décès : « J'ose prier M. Legrand, avoué près le tribunal civil de la Seine, demeurant à Paris, rue Luxembourg, n°45, qui m'a toujours témoigné tant de sympathie, d'aider de ses conseils mon légataire universel, et je le nomme à cet effet mon exécuteur testamentaire. Je le prie d'accepter une réduction du tableau de Sardanapale, un grand tableau de fleurs en hauteur, plus un beau vase du Japon, monté en cuivre doré, plus deux lampes Barbediennes, d'un assez beau modèle. » (Ph. Burty, **Lettres d'Eugène Delacroix (1815 à 1863),** 1878, p. IX)

Selon le **Livret du Salon de 1849** Delacroix a envoyé quatre tableaux : les numéros 2760 - 2763, tous portant le nom « *Fleurs* » et mesurant 1,30 x 1,65 cm. (L. Johnson, p. 226) E. Moreau-Nélaton en 1916 a affirmé à tort que Delacroix avait envoyé cinq tableaux de fleurs au Salon et en a retiré trois. (**Delacroix raconté par lui-même,** p. 80) Deux tableaux seulement ont figuré dans le Catalogue de l'Exposition : le n°504, *Fleurs* et n°505, *Fleurs et fruits*.) Les deux exposés donc sont, selon l'inventaire de Robaut, les n°s 1041 (vente posthume. n°90, aujourd'hui à Philadelphie) et 1072 (vente post. n°88, aujourd'hui à New York}. (v. Johnson, p. 226, n°27)

Le 2 mai 1862, dans une lettre à F. Petit, Delacroix parle seulement de quatre grands tableaux. Il écrit : « Comme je désiderais, s'il est possible, trouver une occasion de placer ces tableaux (2) qui peuvent ne pas convenir à tout le monde à cause de leur dimension... exposition. » (3) Dans sa note n°2 Joubin explique : « Il s'agit de 4 grands tableaux de *Fleurs* du Salon de 1849, **Robaut** 1041, 1070, 1071, 1072 qui ne trouvèrent acquéreur qu'à la vente posthume (acquis par lady Asburton - 15,540 fr. » (**Corr.** III, p. 315) Dans cette lettre Delacroix ne fait aucune référence au cinquième tableau – celui « qui est plus petit que les autres (celui qui est en hauteur) ». On peut en déduire donc que le tableau en question avait quitté l'atelier avant cette date et avant la vente posthume de 1864, du fait qu'il était plus petit et par conséquent plus facile à vendre.

Dans sa lettre à Riesener du 9 juin 1849, Delacroix demande qu'il retire « les deux qui sont les plus faibles ». (A. Joubin, **Corr.** II, p. 380) À ce sujet il est intéressant de noter que Théophile Silvestre, critique d'art et écrivain, grand admirateur de Delacroix, a vu les quatre tableaux exposés avant l'intervention de L. Riesener. Il a écrit : « Deux nous paraissent un peu trop sombres, les deux autres sont d'un éclat, d'une suavité, d'une fraîcheur et d'une harmonie incomparable ». (p.13)

Dans son *Journal* Delacroix a noté le 11 mars [1850] : « Repris le dernier tableau de fleurs. » (2) A. Joubin dans sa note a fait le commentaire suivant : « Le dernier d'une série de quatre tableaux de fleurs, aujourd'hui disparus (**Robaut**, n°1070) » (J. p. 227) A. Joubin s'est trompé en affirmant que ce dernier tableau est le **Robaut** n°1070 (**Marguerites et dahlias dans un parterre**), car celui-ci a) a été envoyé au Salon avec les trois autres tableaux de fleurs, b) il a été retiré par L. Riesener et c) il a été vendu à la Vente posthume sous le n°87. Il ne peut pas donc être le dernier tableau « repris » par Delacroix un an après les autres.

Identifier le tableau auquel Delacroix se réfère dans sa note de 11 mars 1850 reste à élucider. D. Ternois reprend sans justification les numéros des cinq tableaux proposés par A. Joubin [Robaut 1041, 1069, 1070, 1071 et 1072] et pense que le n°1069 « ne fut sans doute pas prêt pour le Salon » et l'identifiant avec celui de Montauban le considère plus petit que les autres. Il a précisé : « Selon Robaut, quatre tableaux sont de même format (H. 1,05 m, L. 1,40 m) et sont en largeur ; le cinquième, en hauteur et mesurant 5 cm de moins dans chaque sens, est le n°1069 : c'est celui de Montauban, achevé un peu plus tard que les autres, et non exposé au Salon. » (D. Ternois, « Un Tableau de Fleurs d'Eugène Delacroix, Le Vase à la Console », **Revue du Louvre**, XV (1965) p. 233) Dans le catalogue de l'Exposition Delacroix en 1998 V. Pomarède pense aussi que le Robaut 1069, commencé au début du mois de mars 1849, n'était toujours pas achevé le 3 mai de la même année. Il a écrit : « De toute façon, son achèvement préoccupait suffisamment le peintre pour qu'il ait recommencé à y travailler un an plus tard, comme le prouve son *Journal*, dans lequel nous apprenons, à la date du 11 mars 1850, qu'il a « repris le dernier *tableau de fleurs*. (p. 132)

Récemment Geneviève Lacambre a essayé d'identifier le tableau que Delacroix a défini comme « celui des cinq tableaux de fleurs qui est plus petit que les autres (celui qui est en hauteur) ». Elle a pensé que le **Bouquet de fleurs dans un vase de grès**, h/t 65 × 43 cm, signé et daté en bas à droite Eug. Delacroix/ 1847 au Musée Guézireh, Le Caire, correspondait à ces critères. (G. L. Les Oubliés du Caire, **Catalogue de l'Exposition au musée d'Orsay**, 1994, n°15, p. 52) V. Pomarède a rejeté cette identification : « la définition de « grand tableau en hauteur » paraît s'appliquer davantage au présent tableau [Montauban], mesurant tout de même 1,35m de hauteur, alors que l'œuvre du Caire, par ailleurs de fort belle facture et sans aucun doute datable de la même période, est deux fois plus petite. » (cat. Exposition 1998, p. 132) Nous notons que le tableau de Caire porte la date de

1847, c'est-à-dire deux ans avant les cinq préparés pour le Salon de 1849. Il est exclu donc que celui-ci soit le tableau dont Delacroix a parlé le 3 mai 1849.

Je suis de l'avis que Delacroix avait terminé le tableau de Montauban déjà en 1849 pour la simple raison que le 10 mars 1849 il travaillait « au rideau du tableau du vase de fleurs ». (J. p. 184) Il est impensable que Delacroix ait commencé par le rideau en laissant pour plus tard l'essentiel - les fleurs. Deux jours après, le 13 mars 1849, il note : « Travaillé toute la journée au rideau dans le tableau de la console. » (J. p. 185). L'artiste parle donc du « tableau de la console » comme s'il était déjà devant son œuvre. Le rideau n'est qu'une partie insignifiante de ce grand tableau. Delacroix est connu pour la rapidité avec laquelle il travaillait et on peut se demander pourquoi après deux jours de travail le tableau sera toujours inachevé en mars 1849 ! Ceci étant, il est exclu que le tableau de Montauban soit « celui des cinq tableaux de fleurs qui est plus petit que les autres (celui qui est en hauteur) ».

Pour résumer : nous n'avons pas d'autre renseignement concernant le tableau que Delacroix a désigné comme plus petit et en hauteur excepté sa propre déclaration. Le tableau découvert que nous attribuons à Delacroix n'a figuré ni au Salon de 1849, ni à la vente posthume. Il est absent des deux inventaires anciens (A. Moreau 1873 et A. Robaut 1885) et des deux plus récents (L. Rossi Bortolatto 1975 et M. Sérullaz 1981). J'ai la conviction que notre tableau est celui qui répond parfaitement aux critères énoncés par Delacroix. Par sa dimension, 81 × 65 cm., il peut être classé parmi les cinq grands tableaux de fleurs que Delacroix a préparés pour le Salon de 1849. Nous pensons qu'il n'a pas été achevé à temps pour l'Exposition et qu'il a été terminé un an après, vers le 11 mars 1850. Depuis cette date, le tableau a disparu.

Bibliographie

Bacou Roseline, Mémorial... Exposition Eugène Delacroix, Louvre, Cabinet des Dessins, 1963.

Bazin Germain, **Les fleurs vues par les peintres**, Lausanne, Edita ; Paris, La Bibliothèque des arts,1984.

Beunas J. C., **Guide des fleurs coupées et des feuillages : connaître, choisir, conserver,** Rodez, Éd. du Rouergue, Italie, 2004

Benezit E, **Dictionnaire critique et documentaire des peintres...** Gründ, éd. 1976, vol. 3, p. 443 et nouv. éd. 1999, p. 366.

Burty Philippe, **Lettres de Eugène Delacroix (1815-1863),** Paris, Quantin, 1878 (Testament, p. IX).

Cailleux Léon, « Salon de 1849 », **Le Temps,** Feuilleton du 29 juin 1849.

Cantaloube Amédée, **Eugène Delacroix, l'homme et l'artiste, ses amis et ses critiques,** Paris, Dentu, 1864.

Caplan H. H., **The Classified Directory of artist's signatures, symbols and monograms,** London, P. Grahame, 1982.

Champfleury Jules, **Œuvres posthumes de Champfleury, Salons 1846-1851**, Paris, A. Lemerre,1894.

Daulte F. **L'aquarelle française au XIXe siècle**, Paris, Bibliothèque des Arts, 1969.

Degas Exposition **catalogue**, Galleries nationales du Grand Palais, Paris, RMN, 1988, n°60.

Delacroix Eugène , **Journal,** Paris, Plon. 1996 [Notes André Joubin].

Delacroix Eugène, **Correspondance**, Paris, Plon,1838-1849, t. II, 1937 ; 1850-1857, t. III, 1937 [Notes André Joubin].

Delécluze, Etienne-Jean, **Les Beaux-Arts dans les deux mondes en 1855,** Paris, Charpentier, 1856.

Desnoyer Louis, « Salon de 1849 », **Le Siècle, Revue artistique,** 27 juillet 1849.

Deltheil Loys, **Eugène Delacroix, The Graphic Work, A Catalogue Raisonné**, translated and revised by Susan Strauber, San Francisco, Aln Wofsy fine arts, 1997.

Diderot Feu [Lord Pilgrim] « Salon de 1849 » **L'Artiste, Revue de Paris,** 5e sér.,1849.

Exposition universelle de 1855 Catalogues A et B.

Faré Michel et Fabrice, **Peintres de fleurs en France du XVIIe au XIXe siècle,** Catalogue de l'exposition, Paris, Musée du Petit-Palais,1979.

Gautier Théophile, « Salon de 1849 », **La Presse,** 1er août 1849.

Hardouin-Fugier Élisabeth et Grafe Étienne, **Les Peintres de Fleurs en France de Redouté à Redon,** Paris, Ed. de l'Amateur, 1992.

Haussard Prosper, « Salon de 1849 », **Le National,** 7 août 1849.

Dessins français du Musée du Louvre, Inventaire générale des Dessins, École Française, Dessins d'Eugène Delacroix 1798-1863, Paris, RMN, t. I, 1984.

Johnson Lee, « Eugène Delacroix et les Salons. Documents inédits au Louvre », **Revue du Louvre,** 1966 , nos. 4-5, pp. 217-230.

Johnson Lee, **The Paintings of Eugène Delacroix : A Critical Catalogue,** Oxford, Clarendon press,1986, t. III et IV.